广西城市夜间文化和旅游经济发展活力研究报告

GUANGXI CHENGSHI YEJIAN WENHUA HE
LÜYOU JINGJI FAZHAN HUOLI YANJIU BAOGAO

主编 钟泓 刘尧 程冰

重庆大学出版社

图书在版编目（CIP）数据

广西城市夜间文化和旅游经济发展活力研究报告／
钟泓，刘尧，程冰主编. -- 重庆：重庆大学出版社，
2023.11

ISBN 978-7-5689-3957-7

Ⅰ.①广… Ⅱ.①钟…②刘…③程… Ⅲ.①城市旅
游—旅游业发展—研究报告—广西 Ⅳ.①F592.767

中国国家版本馆 CIP 数据核字（2023）第 214416 号

广西城市夜间文化和旅游经济发展活力研究报告

主编 钟泓 刘尧 程冰
策划编辑：尚东亮

责任编辑：夏 宇　　版式设计：尚东亮
责任校对：谢 芳　　责任印制：张 策

＊

重庆大学出版社出版发行
出版人：陈晓阳
社址：重庆市沙坪坝区大学城西路 21 号
邮编：401331
电话：（023）88617190　88617185（中小学）
传真：（023）88617186　88617166
网址：http://www.cqup.com.cn
邮箱：fxk@ cqup.com.cn（营销中心）
全国新华书店经销
重庆升光电力印务有限公司印刷

＊

开本：720mm×1020mm　1/16　印张：8　字数：115千
2023 年 11 月第 1 版　2023 年 11 月第 1 次印刷
ISBN 978-7-5689-3957-7　定价：48.00 元

本书编委会

编写团队：

《广西文化和旅游智慧技术重点实验室》研究团队

报告主编：

钟　泓　刘　尧　程　冰

编委成员：

苏会卫　卢小金　陈奕竹　潘　勇　王　华

戴　伟　赵　颖　俸亚特　陈小俊　冯飞鹏

资助来源：

广西文化和旅游厅专项项目资助

项目名称：

《广西重点城市文化和旅游夜间经济发展活力研究》

《广西文旅夜间消费手册》

前　言

本书以促进广西城市夜间文化和旅游经济高质量发展为目标,从文旅融合发展的视角,整合旅游学、地理学、经济学、传播学、管理学和信息科学等相关理论,运用质性分析、量化比对、时空轨迹、模拟计算、网络旅游信息数据挖掘和网络平台大数据处理等相关技术方法,秉持"以新发展理念为指引、聚焦多级县市区域、分析多源数据平台、突出多业态、多形式夜间文化和旅游经济消费模式"的设计思路,从夜间文化和旅游经济供给与需求的分析角度,构建夜食、夜购、夜游、夜娱、夜宿和夜读等6个维度,确立了广西城市夜间文化和旅游经济活跃度指数评价体系,动态研判了夜间文化和旅游经济不同消费业态的消费需求;根据政府支持力度、业态丰富度、基础设施完备、文化和旅游品牌、消费活跃性和消费评价等6个指标,构建了广西城市夜间文化和旅游经济发展指数评价体系,定量刻画了夜间文化和旅游经济不同消费业态的发展活力和开发潜力。选择南宁、桂林、柳州、北海等4个夜间文化和旅游经济发展相对较好的城市作为主要研究对象,深度挖掘上述4市的文化和旅游内涵、特征、构成要素、自然资源、市场环境、基础设施成熟度、服务水平及经济发展等要素,搭建起本书的理论分析模型,保证了模型的科学性、全面性、可行性和动态性。

本书采用的数据主要来源于广西旅游数据中心、广西统计局、各地市文化和旅游行政管理部门的统计数据,携程、美团、抖音等平台数据及相关统计网站公布的数据等。从数据的广度、量级和规模来看,这些数据为本书研究内容的准确性、合理性、逻辑性和参考性提供了有力支撑。本书期望为推动广西城市夜间文化和旅游经济可持续、健康发展和运行,提高广西文化和旅游产业发展质量提供政策引导和决策支撑,为自治区党委、政府明晰广西城市夜间文化和旅游经济发展形势,研判广西文化和旅游经济发展态势,提供有价值的观点和思路。

本书从引言、夜间文化和旅游经济发展概述、广西城市夜间文化和旅游经济发展活力指数测度、广西城市夜间文化和旅游经济发展现状分析与研判、广西城市夜间文化和旅游经济发展潜力分析、基于活力指数的广西城市夜间文化和旅游经济发展规划思路、基于活力指数的广西城市夜间文化和旅游经济发展政策建议、展望共 8 个部分进行详细论述。

第一部分引言。主要阐明夜间文化和旅游概念、研究方法、思路和研究的必要性、目的和意义。重点阐述习近平总书记对文化和旅游融合发展的有关重要讲话精神所蕴含的战略意义。指明了发展夜间文化和旅游经济是现代城市经济发展的助推器,更是提高城市综合竞争实力的重要途径。本书的研究符合国家政策、经济发展、文化挖掘、旅游传播、辅助决策等多个层面,研究目的和意义清晰明确。

第二部分夜间文化和旅游经济发展概述。本部分对比了国内外夜间文化和旅游经济的发展情况,从管理、业态与品牌以及基础设施与公共资源等多角度剖析了国外通过夜间文化和旅游经济来促进城市发展的相关举措。深度分析国内一批高品质夜间经济示范城市在挖掘本地特色,以文化和旅游融合拉动夜间经济的创新方案,为广西城市夜间文化和旅游经济发展活力研究提供"鲜活"的参考样本。

第三部分构建广西城市夜间文化和旅游经济发展活力指数和发展指数。论述了指数构造依据和原则,明确指数评价体系,为后续研究提供了可靠、科学和合理的分析手段。

第四部分开展广西城市夜间文化和旅游经济发展现状的分析与研判。应用广西城市夜间文化和旅游经济发展活力指数,从"宏观""中观"和"微观"三个层级,结合携程、美团、抖音等平台的海量数据进行多维度、全方位、高视角的详细分析,厘清了南宁、桂林、柳州、北海 4 市夜间文化和旅游经济业态构成特点和区域分布特征,也明确了上述 4 市夜间文化和旅游经济发展中存在的问题。

　　第五部分开展广西城市夜间文化和旅游经济发展潜力分析。结合前期研究结果，基于南宁、桂林、柳州、北海4市夜间文化和旅游经济发展指数，从内在成长潜力、市场扩张潜力及可持续发展潜力三个方面，深度剖析了南宁、桂林、柳州、北海4市的夜间文化和旅游经济发展潜力。

　　第六部分阐明基于活力指数的广西城市夜间文化和旅游经济发展规划思路。本部分结合广西区位优势，针对研究中发现的问题和经验，对南宁、桂林、柳州、北海4市在夜间文化和旅游经济发展方面有针对性地提出了可行的、合理的及科学的发展思路、发展布局和发展重点。

　　第七部分提出基于活力指数的广西城市夜间文化和旅游经济发展政策建议。本书提出了以挖掘城市精神文化内核为着力点，以满足本地居民与外地游客精神文化层面需求为出发点，从创新发展理念、做好顶层设计、打造夜间品牌、推动业态升级、挖掘文化内涵和出台保障措施等6个方面提出了广西城市夜间文化和旅游经济发展的建议。

　　第八部分展望。总结了广西城市夜间文化和旅游经济发展活力研究的结果，并对下一步的研究重点和发展方向进行了展望。

目　录

引 言

文化与旅游融合是以习近平同志为核心的党中央立足党和国家事业全局、把握文化和旅游发展规律作出的战略决策，既是提高旅游发展质量的重要手段，也是传播和弘扬中国文化的有效途径，还是满足人们对美好生活需要的必然要求。随着国内新冠病毒感染疫情防控进入常态化阶段，各地生产生活秩序逐步恢复的背景下，为推动国内国际双循环的深入发展，为增强经济发展的信心，激发市场活力，激活被新冠病毒感染疫情抑制的消费需求，寻求新的经济增长点已成为当前国家和社会的重要任务。文化和旅游业作为朝阳产业、幸福产业，当仁不让地成为全国各地激发新一轮消费升级的重要举措。于是，深化文旅融合推动夜间经济发展，以文旅融合激发夜间经济活力就成为夜间经济发展的重要方向。发展夜间文化和旅游经济对促进城市文化、经济的高质量发展，推动消费升级，扩大就业，提高人民群众的幸福感和满意度具有重要作用和意义。

一、概念界定

夜间经济(night-time economy)，起源于英国，最早是英国为了缓解城市夜间空巢现象，为实现城市复兴而提出的经济学名词。"夜间经济"是以城市居民和游客为对象，以购物、餐饮、娱乐、休闲、文化、洗浴健身等为主要形式，时间段因区域差异有所不同，主要指 18:00—6:00 的各种消费。

随着经济社会的高速发展，夜间经济不再单指"宵夜""酒吧"等物质层面的夜间消费经济,而是包括了文化、科技和艺术等精神层面的综合性夜间消费经济,同时具有经济属性和社会属性。经济属性强调夜间发生的经济活动,主要指与休闲、娱乐等服务业有关的生产或消费行为。社会属性强调在夜间城市这个公共空间内发生的各种日常活动和社交行为,例如夜间体育运动和夜间娱乐活动等。

在我国,随着社会主要矛盾转化为人民日益增长的美好生活需要和不平衡不充分的发展之间的矛盾,如何通过文化和旅游融合发展,进一步扩展和激发文化和旅游市场活力,成为全国上下关注的重点。2019 年 8 月,《国务院办公厅关于进一步激发文化和旅游消费潜力的意见》明确提出"到 2022 年,建设 200个以上国家级夜间文旅消费集聚区",将夜间文化和旅游消费提升到国家重要部署的层面。这里所指的夜间文旅消费集聚区可以理解为以地域特色文化为核心,依托一定的夜间景观环境,实施一体化夜间场景设计与打造,形成文化和旅游深度融合、业态产品丰富多样、基础设施配套完善、消费环境和管理运营机制优良、品牌和市场影响力较大、文化和旅游消费辐射带动力较强的产业集群空间。

基于此,本书中夜间文化和旅游经济主要针对在 18:00—24:00 发生的、依托旅游资源形成的、具有本土文化特色的、能吸引市民和游客参与消费的旅游经济活动,即旅游、经济、文化及其相关要素相互渗透、交叉融合或整合重组,逐渐形成突破原有产业边界或要素领域、相互交融的新的经济活动。

二、研究背景

国家社会、经济、文化的快速发展不断激发了人民群众追求更加美好生活的向往。白天的城市是繁忙紧张、千篇一律的,而夜晚的城市则是轻松惬意、个性鲜明的。据统计,我国 60% 的消费发生在夜间,大型商场每天 18:00—22:00的销售额在全天的占比超过一半。从世界范围来看,2015 年,夜间经济为美国旧金山贡献了 60 亿美元的营业额;2017 年,英国伦敦夜间经济收入达 263 亿英镑,预计2030年将达300亿英镑;2018年,韩国首尔开办"夜猫子夜市"后共计接待了近430万人次,总销售额达到117亿韩元。而我国上海黄浦江畔的灯光秀、南京桨声灯影中的秦淮河、广州美轮美奂的"小蛮腰"、成都烟火氤氲的宽窄巷子等一张张"夜间名片"让城市更富意境和魅力,发展夜间经济成为彰显城市特色、展示城市形象、拓展城市IP的重要渠道。夜间经济的形成与繁荣,是城市经济发展到一定程度和阶段的必然产物,是人民生活水平逐步提高所产生的必然现象。夜间经济逐渐成为现代城市居民的日常生活习惯和消费习惯,正在成为现代化城市新的消费热点和推动城市社会、经济、文化发展的重要动力之一,在扩大内需方面能够产生积极作用。可以说,夜间是消费的"黄金时段"。城市夜间经济的发展规模和质量,正成为当下国内国际双循环经济环境下的重要推手,对城市经济发展起着强大的支撑作用。

首先,夜间经济能拉动城市经济发展。现代化城市经济主体由第二、第三产业组成,包括工业和服务业的诸多产业,在"调结构"的时代背景下,夜间经济成为转变经济发展方式的有力抓手,极有可能成为城市发展的战略性支柱产业。目前,城市的夜间消费呈增长态势,上升趋势明显,占城市居民消费比重也越来越大。许多城市夜间的人流量、销售额与日间持平,甚至超过日间,在上海、广州、杭州、深圳、成都、长沙等夜间经济较发达的城市更是如此。尤其是南方夏季,白天酷热,每天20:00—24:00才是本地居民和游客最活跃的时段,这一时段销售额所占比重较大,部分商场的销售额甚至接近全天的一半。餐饮场所更是以夜间消费为主,夜间的餐饮娱乐已经成为商务洽谈、亲朋好友聚会、休闲娱乐、情侣约会的首选方式。以常住人口500万的大型城市为例,如果每天有10%的人群选择夜间消费,人均消费按50元估算,每晚消费额将达2500万元,每年消费额可达91亿元以上。尽管这只是估算,也足以反映出夜间经济是一座非常值得挖掘的"金矿"。

其次,夜间经济,特别是以文化和旅游为支撑的夜间文化和旅游经济能满足人民群众日益增长的物质和精神生活需要,实现"对美好生活的向往"。我国经济的快速发展使人们的可支配收入逐年提升，消费能力不断提高，而现代化城市快节奏的生活，白领阶层的兴起，年轻高收入人群的形成，使人们特别是年轻人需要更多的时间和空间来释放，越来越多的人已不愿意延续传统的"日出而作，日入而息"的生活模式，夜间消费生活方式正在不断地得到更多人的青睐和认可。同时，夜间消费也正在从原来的购物、餐饮等方式，逐渐向体育运动、文化体验、洗浴健身、休闲娱乐等多领域拓展，这种日益增长的多形式和多类型的消费需求已经成为城市夜间经济不断发展的原动力。夜间经济的经济元素涵盖吃、喝、住、游、购、娱、体、美等诸多方面，其发展不仅能直接提高餐饮、住宿、购物、休闲等行业的收入，还能明显拉动城市经济的快速增长，具备成为城市经济新的增长点的外在条件。有关资料显示，一个城市的旅游景点如果仅能让游客游览 2 小时，那么，这个城市仅能获得一张门票收入；如果能让游览时间延长至半天，则可能获得门票与餐饮收入；如果通过丰富城市夜间生活，吸引游客住宿的话，就可以获得门票、餐饮、住宿、购物、休闲等多种收入，城市的总体收益就可能大幅增长。因此，夜间文化和旅游经济已成为现代城市经济发展的助推器，成为促进城市消费和扩大就业的新的增长点，是提高城市综合竞争力的重要途径。正因为夜间经济的高收益和对相关产业的拉动效应，许多城市都已经着手研究夜间经济发展战略，加强夜间经济相关载体建设，不断扩大夜间消费内涵，提升夜间经济品牌知名度，打造地方文化特色。

再次，夜间文化和旅游经济有助于打造城市特色魅力品牌。目前，国内许多城市已经捕捉到了夜间文化和旅游经济潜藏的巨大经济利益和社会效益，致力于夜间经济的开发与培育，着力将夜间文化和旅游经济打造成城市的一张名片。例如，北京"夜店"点亮吃喝玩乐购。北京的酒吧首推三里屯酒吧街和后海酒吧街。三里屯酒吧街街面上有酒吧 30 多家，两侧的胡同更扎堆开设了 200 多家酒吧，约占北京酒吧数量的 40% 以上。隆福寺小吃街、王府井小吃街和簋街都是人气极其旺盛之处。下班后购物，步行街、华堂商场、西单商场等人头攒动。又如，小资天堂"夜上海"尽显光影琉璃。"新天地"石库门式样的酒吧既古典又新潮,兼具文化情怀与商业气息,于无声处透露出对流行、艺术、文化的敏感。每年面向文化团体、雅皮一族或中产阶层组织的,超过120场(次)的时尚活动,使新天地名副其实地成为国际交流和聚会的当然之选。再如"天府之国"成都,也是夜游、夜娱、夜购的天堂。在成都,王府井、太平洋百货、各种专卖店,形成了高、中、低档商品的自然落差,其中王府井夜市曾出现超过1万人次的高峰客流,春熙路步行街商家全天的营业额有一半是通过夜间消费获得。火锅、串串、麻辣烫等夜间美食店21∶00—03∶00的生意最佳。酒吧更是成都夜生活的主要代表,数量庞大的夜行人在酒吧进行消费。而在广西,八桂大地的夜间同样璀璨。2021年10月,文化和旅游部官网公布了第一批国家级夜间文化和旅游消费集聚区120个,广西共入选南宁三街两巷、邕江南岸片区、柳州市窑埠古镇、桂林阳朔益田西街文化体验街区、北海老城景区、贺州黄姚古镇景区等6个项目,成为广西打造城市特色魅力的助推器。

夜间文化和旅游经济是伴随着我国经济快速发展、城市居民生活水平的提高,推动生活方式转变而产生的一种经济与文化相互交融的社会经济现象。它既反映了城市的经济发展水平、城市居民的消费水平,还反映了城市的文化积淀,更反映了城市的丰富多彩与繁荣程度,已经成为城市活力指数的风向标,以及衡量城市经济发展档次、居民生活质量和投资软环境的重要指标。城市夜间文化和旅游经济是一项系统工程,涉及城乡规划、公共服务、文化呈现、场景营造等诸多方面,直接反映城市管理精细化程度。发展夜间经济,可以倒逼改善城市管理水平,推动城市管理方式的变革,加速城市管理能级的提升。

三、研究目的与意义

为加快构建以国内大循环为主体、国内国际双循环相互促进的新发展格局,推动广西文化和旅游业高质量发展,进一步提升夜间文化和旅游经济对消费的拉动作用,本书通过广西城市夜间文化和旅游经济的发展现状及活跃度调查,研究广西城市夜间文化和旅游经济的发展规模、发展趋势,建立广西城市夜间文化和旅游经济发展活力指标体系,找准能反映广西城市夜间文化和旅游经济发展的关键指标,并对广西南宁、桂林、柳州、北海 4 个夜间文化和旅游经济发展较好的城市进行持续跟踪观测,开展对广西旅游城市夜间经济活力的分析研判,掌握广西城市夜间文化和旅游经济发展活力以及发展过程中存在的问题,进一步了解广西城市夜间文化和旅游经济在促进消费、推动经济增长、提升城市品牌形象和管理水平等方面的作用,科学评估广西城市夜间文化和旅游经济发展水平,为自治区党委和政府掌握夜间文化和旅游经济发展形势,研判夜间文化和旅游经济发展态势,制定夜间文化和旅游经济发展政策提供依据和方案。

四、研究范围

一是研究的空间范围。本研究立足广西,重点考察南宁、柳州、桂林、北海 4 个城市夜间文化和旅游经济发展情况,对广西城市夜间文化和旅游经济进行研究与讨论。

二是研究的时间范围。鉴于城市夜间文化和旅游经济的发展现状,为准确把握广西城市夜间文化和旅游经济的发展活力,本书主要考察南宁、桂林、柳州、北海 4 市 2018—2021 年 4 年间的夜间文化和旅游经济情况,聚焦时段为 18:00—22:00。这一时段是夜间经济最活跃的时间段,被称为"夜游黄金 4 小时"。

三是研究的内容范围。主要包括"夜食""夜游""夜读""夜娱""夜购""夜健"等方面;不同集聚区的夜间文化和旅游经济消费内容可能有所不同。

五、研究思路与方法

本书的研究思路:第一,界定夜间经济、夜间文化和旅游经济及经济发展活力等相关概念;第二,构建广西城市夜间文化和旅游经济发展活力指数和发展指数;第三,基于广西城市夜间文化和旅游经济发展活力指数和发展指数,在实地调研或通过网络技术手段收集广西旅游数据中心、美团、抖音等平台有关广西南宁、桂林、柳州和北海4市的夜间文化和旅游经济相关数据的基础上,研判广西4个旅游城市夜间文化和旅游经济发展现状与问题;分析广西城市夜间文化和旅游经济发展潜力,提出基于活力指数的广西城市夜间文化和旅游经济发展思路及推动城市夜间文化和旅游经济高质量发展的对策和建议。

　　本书的研究方法:一是采用文献资料研究法广泛搜集国内外有关夜间经济、夜间文化和旅游经济方面的文献资料,为本研究提供理论依据;二是采用实地调研和数据采集分析法,深入杭州、成都、广州、深圳、上海、北京等地获取成功做法和经验。三是采用指标分析法构建广西城市夜间文化和旅游经济发展活力指数和发展指数。四是对广西南宁、柳州、桂林和北海4市就夜间文化和旅游经济发展现状进行调研获得相关数据,并用构建的活力指数和发展指数对上述4市夜间文化和旅游经济发展活力进行评价,研判当前广西4市夜间文化和旅游经济发展存在的问题。五是采取多学科综合分析法和德尔菲专家分析法提出广西城市夜间文化和旅游经济高质量发展的对策和建议。

第一章

1

夜间文化和
旅游经济发展概述

一、国内外夜间文化和旅游经济发展情况

1.国外夜间文化和旅游经济发展情况

国外夜间经济起步较早,20 世纪 70 年代英国为改善城市中心区夜间"空巢"现象提出"夜间经济"一词,1995 年则正式将发展夜间经济纳入城市发展战略;2004—2016 年,伦敦创造了超 10 万个新的夜间工作岗位。

从管理角度来看,鼓励发展夜间经济的国家和地区,大多设立了专门的夜间经济管理机构,例如美国,华盛顿特区、旧金山、纽约等地均有特定的管理机构对夜间经济进行统筹并出台符合当地夜间经济发展规律的相关制度。在旧金山,与夜间经济发展相关的组织颁发的活动许可证中,包括由若干条件组成的睦邻友好相处政策,要求活动主办方提高安全防范意识,按要求悬挂禁止噪声、禁止吸烟和禁止乱扔垃圾的标志,不得影响当地居民的正常生活。在新加坡,政府考虑到噪声对居民的干扰,规定了夜间经营场所及相关区域的营业时间,如社区活动以及大部分夜间经营实体店须在 22:30 前结束营业。同时,为了兼顾各方利益,方便各部门的统筹管理,部分城市会注重诉求互诉,例如美国纽约夜间经济管理部门在 5 个不同的辖区内通过举办论坛活动让纽约市的管理者了解夜生活社群、利益相关方等的诉求。

从业态和品牌角度来看,国外的夜间经济发展会充分依托本地区独特的景观或文化内涵,打造具有城市特色的夜间经济品牌。例如,泰国曼谷的旅游资源较丰富,其夜间经济发展主要围绕本地的旅游资源展开;英国则结合丰富的博物馆资源,打造了"博物馆之夜"这一特色夜间经济品牌,同时英国本土居民还很热爱酒吧文化,营造了浓厚的酒吧氛围,致力打造"24 小时城市"酒吧;韩国首尔为迎合加班族的需求,提供通宵运营的汗蒸房和购物场所等,多地举办"夜猫子夜市"。

从基础设施和公共资源角度来看,国外的部分城市可以实现夜间全时段公共交通全覆盖。例如,美国纽约地铁可以实现 24 小时不间断运行;英国每周五

和周六推出夜间地铁服务,部分地铁线路实现周末24小时运行。此外,夜间安全也是影响城市夜间经济发展的重要因素,为保证夜间消费安全便捷,英国伦敦市政府专门增加预算加强治安、改善夜间交通,增加警察数量和巡逻站点,保障人们夜间出行的安全。

2.国内夜间文化和旅游经济发展情况

与国外相较而言,我国的夜间经济起步较晚。但随着夜间消费的比重逐渐增加,政府管理部门越来越重视夜间经济对现代社会的影响,相继为夜间经济的发展出台了对应的指导文件或管理办法。2004年,青岛开始对夜间经济进行探索;2014年,各地对夜间经济的发展进入了高潮。根据《2020中国夜间经济发展报告》,截至2020年10月1日,我国出台了与夜间经济高度相关的政策性文件共计197项,其中以夜间经济命名的政策性文件共计82项。2020年前三季度发布与夜间经济高度相关的政策性文件的数量和出台主体数量均接近2019年全年的4倍,近七成省级行政区出台了政策性文件推动夜间经济发展。其中,2019年北京市商务局发布《北京市关于进一步繁荣夜间经济促进消费增长的措施》,提出打造"夜京城"地标、升级"夜京城"商圈、培育"夜京城"生活圈的规划目标,制订关于交通、文化IP、体育、餐饮、夜市等不同领域的13条具体措施。上海市商务委员会等9部门联合发布关于该市推动夜间经济发展的指导意见,围绕打造"国际范""上海味""时尚潮"夜生活集聚区的目标,提出设立"夜间区长""夜生活首席执行官"等10条主要内容;2021年发布《全力打响"上海购物"品牌 加快建设国际消费中心城市三年行动计划(2021—2023年)》,同时部署了"夜间经济点亮专项行动"相关工作。浙江省商务厅会同省文化和旅游厅、省财政厅等7部门联合印发《关于开展省级夜间经济试点城市创建工作的通知》,以"浙里来消费·美好夜生活"为主题,争取通过3年(2020—2022年)时间的试点带动,梯度培育创建一批布局合理、管理规范、各具特色、功能完善的夜间经济试点城市,示范推动浙江夜间经济发展走在全国前列,形成与高质量发展、高品质生活相匹配的夜间经济体系。重庆市商务委、文旅委等10部门联合发布《关于加快夜间经济发展促进消费增长的意见》,提出到 2025 年,基本形成布局合理、业态多元、功能完善、特色鲜明、管理规范、区域协调发展、商旅文体深度融合的"1+10+N"夜间经济发展格局,其中,"1"指依托"两江四岸"核心区基本建成全市夜间经济核心区,"10"指在"一区两群"成功创建 10 个高品质夜间经济示范区,"N"指在各区县均建成夜间经济集聚区。

中国各地夜间经济发展政策性文件,见表 1.1。

表 1.1 中国各地夜间经济发展政策性文件一览表

地区	政策性文件名称	主要内容
北京	《北京市关于进一步繁荣夜间经济促进消费增长的措施》	建立夜间经济协调推进机制,优化夜间公共交通服务,点亮夜间消费场景,策划"点亮夜京城"促消费活动,打造夜间消费"文化 IP",开发夜间旅游消费"打卡"地,引导夜间体育消费新风尚,推出 10 条深夜食堂特色餐饮街区,培育 16 区特色精品夜市等。
上海	《关于上海推动夜间经济发展的指导意见》	建立"夜间区长"和"夜生活首席执行官"制度,编制夜生活集聚区发展规划,打造一批地标性夜生活集聚区,打造环境友好、放心安全、有工匠精神的"深夜食堂",将试点放宽夜间外摆位管制。
广州	《广州市推动夜间经济发展实施方案》	到 2022 年,全市夜间经济优质产品和服务显著增加,夜间经济的生活方式和消费模式更加丰富,以岭南文化为主线,品牌化、国际化、特色化突出的全城夜间经济产业链更加完善。同时,力争形成 13 个全国知名的商圈和一批精品文化项目,全市夜间经济集聚区达到 30 个,夜间经济对全市经济的贡献不断提升,打造国际知名的"广州之夜"品牌。
南京	《关于加快推进夜间经济发展的实施意见》	提出到 2020 年,力争夜间经济试点区域新增经营性收入占全市社会消费品零售总额的比重达到 4% 左右,将"夜金陵"打造成全国知名的夜间经济品牌。
西安	《关于推进夜游西安的实施方案》	以"旅游+"和旅游全域化为发展战略,以夜游经济提升为突破口,积极拓展西安市旅游产业链,构建"品牌化、全域化、特色化、国际化"的西安夜游经济。构建西安夜游经济"一极两轴五板块多节点"的发展格局。到 2020 年,全市完成五大类别的夜景亮化工程,特色夜游街区达到 30 个,新增社会消费品零售总额 500 亿元以上,"夜游西安"成为古都旅游形象的新亮点。

续表

地区	政策性文件名称	主要内容
天津	《天津市发展夜间经济十大工程》	围绕"打好'市场牌、文化牌、冬季牌',促进夜间经济内生可持续发展"总体要求,从丰富天津夜生活入手,打造可持续高品质2.0版,不断提高品质和服务、丰富业态、提升营商环境,实施十大工程助力全市经济高质量发展。
福建	《关于进一步促进夜间经济发展九条措施》	"活跃夜间商业和市场""鼓励主要商圈和特色商业街……适当延长营业时间,开设深夜营业专区、24小时便利店和深夜食堂等特色餐饮街区"。
福州	《福州市夜色经济体验示范街区建设提升专项行动方案》	市级夜色经济体验示范街区建设提升标准从街区规模、基础设施、交通管理、数字升级、多元业态、拓展服务、组织机构、管理机制等8个方面制订。
福州	《关于推进夜色经济发展的实施意见》	针对夜间消费产品不够丰富的问题,引进更多国际、国内知名品牌的旗舰店,鼓励主要商圈和特色商业街与多元化特色夜间文体消费产品紧密结合,丰富经营业态,提升消费体验;针对缺少独具特色的夜间地标问题,引导树立精品意识和品牌意识,创建示范街区,打造夜间地标;针对夜间经济活跃度不够高的问题,开展多形式的主题活动,举办美食节、购物节、啤酒节等活动,加强宣传推介,不断提高夜间经济活跃度;针对夜间服务不够便民的问题,扩大24小时便利店、24小时药店的布局,鼓励商户延长营业时间,打造"深夜食堂",促进深夜消费。
浙江	《关于开展省级夜间经济试点城市创建工作的通知》	以"浙里来消费·美好夜生活"为主题,加强夜间经济整体规划布局、打造地标性夜生活集聚区、创新夜间经济业态模式、提升城市综合配套保障水平、优化夜间营商消费环境等。争取通过3年(2020—2022年)时间的试点带动,梯度培育创建一批布局合理、管理规范、各具特色、功能完善的夜间经济试点城市。
宁波	《宁波市加快发展夜间经济实施方案的通知》	到2021年,宁波将建成具有较高知名度的夜间经济地标商圈5个、特色街区10个、15分钟商贸便民服务圈40个。
广东	《广东省加快发展流通促进商业消费政策措施》	鼓励各地打造夜间经济集聚区,完善配套服务和管理,丰富产品和服务供给。鼓励有一定夜间经济基础的地市新建、改造提升酒吧街、咖啡街、餐饮街,打造一批夜间经济示范商圈(示范街区)。

续表

地区	政策性文件名称	主要内容
云南	《关于促进夜间经济发展的指导意见》	用3年时间在全省打造一批具有鲜明地方特色与浓郁民族风情的夜间经济集聚区,逐步形成布局合理、功能完善、业态多元、管理规范的夜间经济发展格局。其中,昆明市打造15~20个夜间经济集聚区,其他各州、市打造3~5个夜间经济集聚区,鼓励各州、市结合实际,打造更多夜间经济集聚区,有效满足人民群众品质化、多元化、便利化消费需求。
成都	《成都市以新消费为引领提振内需行动方案(2020—2022年)》	消费创新引领能力进一步增强,每年新引进各类品牌首店200家以上,发展特色小店300个以上,建设夜间经济示范点位100个。
郑州	《关于贯彻以人民为中心发展思想进一步做好为民造福工作的意见》	培育夜间经济有序发展市集,充分利用广场、公园等公共场所和闲置土地,设立市集和特色跳蚤市场。各县(市、区)、开发区要合理布局1~2个"夜品、夜购、夜赏、夜游、夜健"夜经济集聚示范区,举办1~3项夜间经济主题活动。
济南	《关于推动济南夜间经济提质升级打造"夜泉城"2.0版的若干措施》	提升一批夜间经济IP品牌,培育一批夜间经济主题街区,举办一批夜间经济特色活动,打造一批夜间经济文化品牌,发展一批夜间经济民生品牌,创新一批夜间经济配套服务。
	《关于推进夜间经济发展的实施意见》	建立夜间经济发展协调机制,打造夜间经济示范街区,丰富夜间经济消费业态,繁荣"夜游"主题观光活动、"夜娱"文化体验活动、"夜食"特色餐饮活动等。
	《济南市夜间经济集聚区建设与管理规范》	规范济南市夜间经济集聚区建设总则、市级夜间经济集聚区建设要求、区级夜间经济集聚区建设要求以及夜间经济集聚区管理。
呼和浩特	《呼和浩特市促进夜间经济发展的指导意见》	利用三年时间,在商业中心区、旅游景区、历史文化街区和文体娱乐功能区等重点区域打造一批布局合理、管理规范、各具特色、功能完善的"夜青城"消费功能区,进一步繁荣呼和浩特夜间经济,更好地满足人民群众品质化、多元化、便利化消费需求。
重庆	《关于加快夜间经济发展促进消费增长的意见》	到2025年,夜经济占城市消费比重逐年提高,形成布局合理、业态多元、功能完善、特色鲜明、管理规范、区域协调发展、商旅文体深度融合的"1+10+N"的夜间经济发展格局。主城都市区"两江四岸"核心区基本建成全市夜间经济核心区,在"一区两群"成功创建10个高品质夜间经济示范区,各区县(自治县)和两江新区、重庆高新区、万盛经开区均建成夜间经济集聚区。

来源:有关省市文化和旅游管理部门

现代夜间经济呈多元化发展态势,除了夜食、夜购、夜娱、夜游、夜健、夜读外,还呈现出"老三样、新三样、再三样"的发展新格局。其中"老三样"包括旅游景区、夜间市场和娱乐演出,"新三样"包括夜间节日活动、功能场馆和繁华地段街区,"再三样"包括夜间书屋、城区古镇和美丽乡村。在《2019 中国夜间经济发展报告》中,目前中国夜间经济的规模正在稳步扩大,占主导地位的是餐饮服务,而门票经济正逐渐下降。随着业态的多元化发展,部分城市转而注重挖掘本地特色,以文旅融合拉动夜间经济。例如,天津挖掘戏曲、相声、快板等特色文化来引导夜间经济发展,拓展文旅融合产业链;长沙将本地的美食文化打造到极致,利用互联网推广,吸引了大批观光游客,带动了一大批夜间经济活动,成为名副其实的"网红城市";西安充分利用当地得天独厚的大唐文化,精心推出"大唐不夜城"这一城市 IP;杭州结合其悠久的历史文化,打造"宋城千古情"等众多与宋城相关的文化产品。

但从目前看来,我国夜间经济仍处于起步阶段,距离高质量发展尚有不小的差距。从供给端来看,在一定程度上存在盲目跟风,文化和旅游产品供给不足,同质化、低水平建设等情况严重;甚至有不具备发展夜间经济所需客观条件和能力,也强推相关项目,而配套的监管和服务跟不上发展的问题。从需求端来看,一方面,不同消费群体对夜间经济产品和服务有不同的消费偏好,差异化需求并未得到有效满足;另一方面,还存在制约夜间消费潜力的因素,如往返交通方便性、出行安全、商圈的配套设施不完善等。如何更好地满足老百姓个性化、多层次、品质化的夜间消费需求,推动夜间经济持续高质量发展,成为政府、企业必须研究和思考的重要工作。

二、国内外夜间文化和旅游经济典型经验做法

夜间经济在世界范围内都处于蓬勃发展的阶段,借鉴国内外夜间经济发达城市的经验有助于广西城市夜间文化和旅游经济的可持续发展。分析英国伦敦、澳大利亚悉尼、韩国首尔等国外夜间经济较发达城市的做法,以及国内上

海、广州、长沙等夜间经济较活跃城市的经验,可以为广西夜间文化和旅游经济高质量发展注入创新性活力。

1.国外夜间经济发达城市的经验做法

英国最早提出夜间经济的概念,伦敦现已将夜间经济作为城市发展的重要组成部分。伦敦夜间经济是一种"自下而上"的规划思路,即从某一领域建设出发,以问题为导向,将特定领域的夜间经济管理经验推广至其他领域。伦敦根植于本土文化,夜间经济以酒吧、文艺表演等传统消费项目为主,酒吧、俱乐部是当地夜间经济发展的主力军,同时伦敦依托自身丰富的博物馆资源,成功地打造了与博物馆相关的主题创意活动,带动潜在消费。这种方式有利于最大化地减少试错成本,提高夜间经济发展效率。

澳大利亚悉尼也是夜间经济发展相对成熟的城市,出台了专门的城市夜间经济发展规划,设立了夜间经济委员会,专门指导夜间经济的发展。相较于伦敦的规划思路,总体来说悉尼采用了"自上而下"的规划,由政府部门统筹制订夜间经济的整体规划,再下沉到各个领域进行实施,这种方式有利于城市的整体统筹、协调发展。悉尼的夜间经济形式较为单一,主要为餐饮、娱乐等传统消费项目,但围绕夜间经济特色进行了创新。例如,逐步延长餐饮业的营业时间、推出夜间流动餐饮车等;同时,悉尼创新性地提出"共享空间"概念,尝试土地资源共享模式。例如,将白天的露天咖啡馆转变为夜间演出场地或者露天酒吧,将土地充分利用起来,最大限度地促进产业发展。

韩国首尔由于盛行加班文化,所以十分重视夜间经济的发展,把夜间经济作为城市经济不可或缺的一部分。首尔在发展夜间经济方面主要体现在深耕特定领域,聚焦特定产业,重点挖掘重点领域的价值和潜力。例如"夜猫子夜市"就是首尔夜间经济中最具代表性的品牌。这种发展方式能够更有效地突出城市亮点,收益周期更短,打造城市夜间经济品牌,从而形成品牌效应,增加城市吸引力,并进一步带动相关产业的发展。其次,首尔还利用科技、信息、周边产品、主题元素等手段打造城市夜间经济新的增长点。

总而言之,国外夜间经济发达城市,政府注重对夜间经济发展的引导和管理,"自上而下"或"自下而上"制订规划;活动内容除了常规的酒吧、文艺表演、俱乐部外,在汲取本土文化,丰富夜间活动内容,打造城市夜间经济品牌的基础上,创新性地提出"共享空间"概念及土地资源共享模式,值得我们借鉴。

2.国内夜间经济发达城市的经验做法

我国夜间经济自 1990 年初起步,经历了延长营业时间的初期阶段、多业态的粗放型经营阶段和集约化经营阶段,由早期的灯光夜市转变为包括"食、游、购、娱、体、展、演"等在内的多元化夜间消费市场,逐渐发展为城市经济的重要组成部分。当前我国夜间文化和旅游经济比较活跃的城市分为三大类:第一类是国际知名度、城市繁荣度、商业活跃度、到达便利度和消费舒适度等 5 项指标较高的国际消费中心城市;第二类是开放度高、商业基础设施完善、常住人口基数大、消费能力强的头部国家中心城市和一线省会城市;第三类是省域副中心城市及二、三、四线地级文化和旅游消费热点城市。各城市夜间消费场所普遍集中布局在城市各级商业商务中心的核心地带、以自然或历史文化资源为依托的夜间旅游区域以及城市中心的"边缘地带"。目前,我国正在重点塑造城市夜间经济特色,打造城市独特品牌,由文化和旅游部牵头开展了第一批国家级夜间文化和旅游消费集聚区建设工作,推动各地挖掘本土特色夜间经济。从当前夜间文化和旅游消费集聚区的评选结果来看,总体分布呈现"东强中弱西平"的格局,国家中心城市和省会城市夜间文化和旅游消费集聚区占比较高。纵观全国夜间文化和旅游经济发展态势,上海市、广州市、长沙市、杭州市、成都市夜间文化和旅游经济发展较成熟,其成功的经验和做法对广西发展夜间文化和旅游经济具有较好的借鉴作用。

(1)上海市夜间文化和旅游经济发展经验。上海的"夜生活"在新中国成立前就已成为城市的重要标志之一,百乐门、和平饭店等夜生活集聚区门庭若市,这种文化一直延续至今。现在的上海市以"国际范""上海味""时尚潮"夜生活集聚区为发展目标,借鉴国际经验,建立"夜间区长"和"夜生活首席执行官"制度。由各区分管区长担任"夜间区长",统筹协调夜间经济发展。鼓励各区公开招聘具有夜间经济相关行业管理经验的人员担任"夜生活首席执行官",协助"夜间区长"工作。同时,全力打响"上海购物"品牌、拉动消费增长的强大内生动力。在各区政府的有力推动、商家的积极配合下,上海市先后涌现出一批夜间文化和旅游经济亮点项目和活动,点燃了大众夜间消费的热情。新天地湖滨路活力街、静安寺安义夜巷分时制步行街设置不同主题区域,内容涵盖文创集市、艺术表演、时装秀等;大光明电影院、国泰电影院成为首批"24小时影院";黄浦区推出6条夜游线路;豫园商城"王者千灯会"打造沉浸式游戏场景;首批夜间开放文化和旅游场所达105家,包括博物馆、美术馆、动物园等在内的场馆延时开放。上海市发展夜间文化和旅游经济的经验有以下三点值得借鉴:一是采取梯度发展战略。通过发展夜间文化和旅游经济历史悠久的区域,带动周边区域发展。二是创新管理模式。建立了分区、分时责任到人的管理模式。设立了"夜间区长""夜生活首席执行官"岗位落实管理责任。三是持续塑造夜间消费品牌。通过打造夜间文化和旅游亮点项目、主题街区、主题线路、主题活动、开放文化场馆营造丰富的产品形态和夜间消费品牌,促进消费。

　　(2)广州市夜间文化和旅游经济发展经验。广州市是国家综合性门户城市,一直以来夜间经济发展基础良好。2019年广州市发展和改革委员会推出《广州市推动夜间经济发展实施方案》,加快建设国际消费城市和文化中心,推动广州市夜间经济有序健康发展。如今广州市正迈入多元消费新场景时代,除了传统的夜游"老三样"——长隆大马戏、小蛮腰、夜游珠江外,还更加注重审美消费,让消费者对审美、情感共鸣的消费追求能够获得更大的满足。广州博物馆每周五开放至20:30闭馆,不定期还有结合传统节日、依托于馆藏资源的主题活动,同时广州市还开放了部分24小时书店、移动剧院、深夜食堂等,满足不同的消费需求。此外,广州国际灯光节自创办以来已累计吸引游客近6 000万人次,成为广州市的一张响当当的城市名片、广州市夜间经济的标杆品牌。广州市还投入巨资保障夜间安全与便捷服务。越秀区北京路步行街于2020年重新开街,全面升级了街区的智能化设备,成为全国首个全覆盖5G网络的试点步行街,应用防疫安防巡查车、无人售货车、智能垃圾桶、无人清扫车等,同时设有一站式智慧服务综合平台、智能交互屏幕、超高清摄像头、智慧灯杆等,对步行街区的客流、环卫、安全等实时监测,有效地提高了夜间经济集聚区的服务品质。纵观广州市夜间文化和旅游经济发展状况,总结出4点经验可以借鉴:一是顶层设计强化政府对夜间文化和旅游经济发展的引导作用。政府出台实施方案,引导夜间文化和旅游消费力不断增长,实施健康可持续发展道路;二是围绕市场需求,打造多元消费场景,引领消费文化,提升消费品质;三是加强传统夜间文化与旅游经济活动的融合,提升城市文化吸引力;四是融入5G信息技术,提升对夜间文化和旅游集聚区管理的智能化水平和服务质量。

（3）长沙市夜间文化和旅游经济发展经验。长沙市夜间文化和旅游经济发展已经成为推动长沙市经济发展的重要引擎。长沙市近年来经济交易额持续快速增长,夜间消费人数不断攀升,成为新晋的"网红城市"。长沙市发展夜间文化和旅游经济的经验如下:一是注重顶层设计,合理规划和布局商业区域。长沙市的商业区域数量较多,现已基本形成包括1个市级商业中心、35个区域性商业中心、44个社区级商业中心、58个商贸综合体、63条特色商业街在内的城市商业网点布局。二是深度挖掘美食文化,塑造美食品牌。通过文化挖掘、品牌打造、媒体宣传,长沙夜市深入人心,以渔人码头、坡子街为代表的夜市,以臭豆腐、口味虾为特色的美食,橘子洲的焰火晚会,解放西的夜间娱乐等,吸引了众多省内外游客。"超级文和友"龙虾馆在2020年"十一"期间曾创下"排号4万、等位2万"的纪录,本土奶茶"茶颜悦色"更是成为中国年轻人疯狂追捧的奶茶品牌。三是创新管理模式。夜间经济催生管理创新,根据国务院发展研究中心对2020年1月1日施行的《优化营商环境条例》实施情况的评估,长沙市以"主动服务促进夜间经济发展"入列"国家经验",充分肯定了长沙市天心区建立夜间经济服务中心的创新举措。长沙市建立了全国首个夜间经济服务中心,构建了夜间经济工作联席会议制度和区、街、社区三级夜间经济消费协调机制,开通夜间经济公共服务热线,通过"夜间管家""轮班驻点""协调联动",营造安全有序的夜间消费环境。

(4)杭州市夜间文化和旅游经济发展经验。杭州市在文化和旅游融合促进夜间消费方面也取得了显著成效。杭州市的经验如下:一是制订夜间文化和旅游经济规划。出台《杭州市提升发展夜间经济的实施意见》和《杭州夜间文化和旅游经济发展规划》,在规划中提出,"10+X"夜间经济空间布局,即10个夜间经济集聚的夜地标,包括延安路特色商业夜地标、运河文化夜地标、南宋文化夜地标、西湖美景夜地标、钱塘江两岸夜地标、下沙大学城夜地标、临平韵味夜地标、湘湖逍遥夜地标、千岛湖活力夜地标、新安江梦幻夜地标。"X"为自选内容,即鼓励各区县(市)结合现有条件及目标计划,积极打造具有区域特色的夜地标。在夜间经济的规划中注重体现"国际范、中国风、杭州韵、时尚潮"元素,打响"忆江南·夜杭州"的夜间文化和旅游经济品牌。二是注重地标和独具地方特色文化IP的塑造。除了具有共性的夜间经济建设措施外,杭州市还十分重视地标和文化IP的打造。坚持产学研结合,充分发挥高校和科研院所作用,通过相关部门与高校、科研院所联动挖掘本地文化底蕴,坚持夜间民俗文化的整理和利用,实现文化资源向产品转化,实现资源与价值转化的良性发展,逐步建立全方位的杭州夜文化营销策略。例如,依托茶、丝绸、旗袍、扇艺等文化资源,推出茶文化表演、丝绸展演、旗袍秀场等夜间体验式文化和旅游产品。据统计,《宋城千古情》自1997年开演至今,已累计演出26 000余场,接待游客7 700多万人次,票房收入超百亿元,单日演出高达18场,且60%以上的游客是在夜间观看的,形成了夜间文化和旅游经济集聚效应和规模效应。杭州市积极推动品质"夜娱乐"的建设,发挥杭州大剧院、印象西湖艺术团、太阳马戏团等资源优势,提升《宋城千古情》《最忆是杭州》《白蛇》等演艺项目影响力,丰富夜间高端演艺市场,支持打造大运河、西溪湿地常态化演艺项目。推动国内外知名艺术节、音乐节、专业艺术活动(赛事)、演艺品牌项目落户。

对比全国各地夜间文化和旅游经济较发达地区,广西旅游资源丰富,民族文化资源独具魅力,沿海沿边区位交通便利,人民群众具有在工作生活之余,乐于参加夜间休闲、消费活动的传统习惯。2020 年,广西壮族自治区区政府出台了《关于加快发展广西夜间经济的指导意见》曾明确指出,广西将着力打造夜间消费场景和示范街区,完善夜间交通、安全、环境等配套措施,提高夜间消费便利度和活跃度,构建布局合理、功能完善、业态多元、管理规范、各具特色的夜间经济发展格局。当前,广西的夜间文化和旅游经济主要表现为多种多样的消费业态:一是以桂林两江四湖、夜游邕江等为代表的"游船体验"类;二是以阳朔"印象刘三姐""桂林千古情"、三江"坐妹"等为代表的"文化演艺"类;三是以南宁三街两巷、柳州窑埠古镇、阳朔西街、桂林东西巷等为代表的"古街区休闲"类;四是以各地美食街区、夜食集市等为代表的"舌尖美食"类;五是以酒吧、KTV 等为代表的"休闲"类;六是以 24 小时书店、健身俱乐部为代表的"阅读""健身"类;七是以商业区域为代表的"购物体验"类;八是以品质住宿体验为代表的"酒店文化体验"类。

总体而言,国内夜间经济较发达地区主要着力于基础设施保障、夜间安全管理、城市特色夜间品牌 IP 等方面,深入挖掘本地文化内涵,以点带面带动夜间经济发展。目前来看,国内夜间经济的红利还未完全释放,夜间消费市场蕴藏着巨大潜力。特别是我国的夜间文化和旅游经济更值得大力研究和发展。

2

广西城市夜间文化和
旅游经济发展活力指数测度

一、指数构造的原则和思路

1.指数构建原则

本书所采用的理论分析模型是从夜间文化和旅游经济的内涵、特征、构成要素、当地自然资源、市场环境、基础设施成熟度、服务水平和经济发展等方面综合分析后,在目标层、准则层和指标层 3 个维度上进行构建的,基本保证了分析模型的科学性、全面性、可行性和动态性。

2.指数构成

秉持"以新发展理念为指引、聚焦多级县市区域、分析多源数据平台、突出文化和旅游动态、精炼夜间消费模式"的设计思路,重点关注广西城市夜间文化和旅游经济发展状况与活跃度,构建反映广西城市夜间文化和旅游经济的区域差异与地方特色,体现当前夜间文化和旅游市场线上线下消费融合发展的趋势特点,建构体现综合性、定量性、动态性的两个夜间经济指数,即夜间文化和旅游经济发展指数与夜间文化和旅游经济活跃度指数。

二、指数评价体系

基于《2019 中国城市夜经济影响力报告》《2019—2020 中国网民"夜经济"指数报告》《2021 年中国夜间经济行业发展研究报告》《2021 浙江省夜间经济发展指数和活跃度指数报告》以及《万事达卡全球旅行目的地指数》进行综合分析,本书建构两个指数:基于总量指标的广西城市夜间文化和旅游经济发展指数及基于人均指标的夜间文化和旅游经济活跃度指数。城市发展活力主要强调一个城市的发展质量、经济活跃度等综合表现形态,而本书主要提及的是"夜间文化和旅游经济发展活力",故夜间文化和旅游经济发展指数及夜间文化和旅游经济活跃度指数能够从一个比较直观的角度去衡量一个城市的夜间文化和旅游经济发展活力。广西城市夜间文化和旅游经济活跃度指数基于夜间经济供给和需求的分析角度,包含夜食、夜购、夜游、夜娱、夜宿和夜读等 6 个维度分析活跃度指数,该指数体系共有 6 个一级指标、24 个二级指标和 36 个三级指标,对城市夜间餐饮、购物、娱乐、休闲、旅游等服务领域的消费需求进行可视化分析,进而对夜间经济的不同消费业态进行动态研判。夜间文化和旅游经济发展指数从政府支持力度、业态丰富度、基础设施完善程度、文化和旅游品牌、消费活跃性和消费评价等 6 个维度构建,该指数体系共有 6 个一级指标、17 个二级指标和 63 个三级指标,可综合评价当地夜间文化和旅游经济发展的总体情况,为推动相关行业的成长提供重要的数据支撑。具体指数见图 2.1、图 2.2、表2.1、表 2.2。

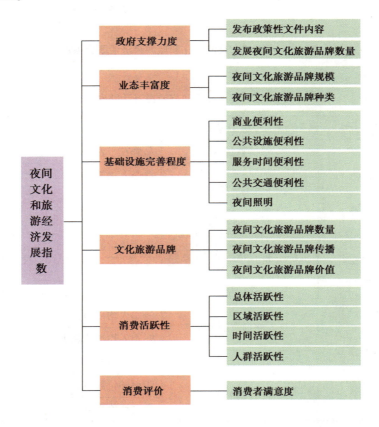

图 2.1　广西城市夜间文化和旅游经济发展指数

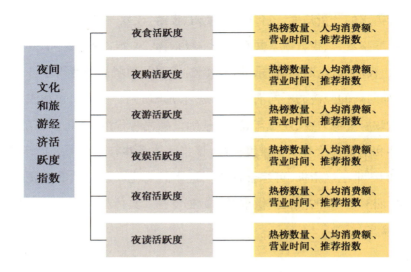

图 2.2 广西城市夜间文化和旅游经济活跃度指数

表 2.1 广西城市夜间文化和旅游经济活跃度指数列表

一级指标	二级指标	三级指标
夜食活跃度 A	热榜数量 A_1	品牌在平台中排名 A_{11}
	人均消费额 A_2	淡季人均消费额 A_{21}
		旺季人均消费额 A_{22}
	营业时间 A_3	开放时间 A_{31}
	推荐指数 A_4	正面评价数 A_{41}
		负面评价数 A_{42}
夜购活跃度 B	热榜数量 B_1	品牌在平台中排名 B_{11}
	人均消费额 B_2	淡季人均消费额 B_{21}
		旺季人均消费额 B_{22}
	营业时间 B_3	开放时间 B_{31}
	推荐指数 B_4	正面评价数 B_{41}
		负面评价数 B_{42}

续表

一级指标	二级指标	三级指标
夜游活跃度 C	热榜数量 C_1	品牌在平台中排名 C_{11}
	人均消费额 C_2	淡季人均消费额 C_{21}
		旺季人均消费额 C_{22}
	营业时间 C_3	开放时间 C_{31}
	推荐指数 C_4	正面评价数 C_{41}
		负面评价数 C_{42}
夜娱活跃度 D	热榜数量 D_1	品牌在平台中排名 D_{11}
	人均消费额 D_2	淡季人均消费额 D_{21}
		旺季人均消费额 D_{22}
	营业时间 D_3	开放时间 D_{31}
	推荐指数 D_4	正面评价数 D_{41}
		负面评价数 D_{42}
夜宿活跃度 E	热榜数量 E_1	品牌在平台中排名 E_{11}
	人均消费额 E_2	淡季人均消费额 E_{21}
		旺季人均消费额 E_{22}
	营业时间 E_3	开放时间 E_{31}
	推荐指数 E_4	正面评价数 E_{41}
		负面评价数 E_{42}
夜读活跃度 F	热榜数量 F_1	品牌在平台中排名 F_{11}
	人均消费额 F_2	淡季人均消费额 F_{21}
		旺季人均消费额 F_{22}
	营业时间 F_3	开放时间 F_{31}
	推荐指数 F_4	正面评价数 F_{41}
		负面评价数 F_{42}

表 2.2　广西城市夜间文化和旅游经济发展指数列表

一级指标	二级指标	三级指标
政府支撑力度 A	发布政策法文件内容 A_1	夜间经济发展规划 A_{11}
		基础设施投入 A_{12}
		夜间治理监督体系 A_{13}
		夜间安全保障体系 A_{14}
		公共交通夜间营业时间延后 A_{15}
		文化和旅游品牌打造 A_{16}
	发展夜间文化和旅游品牌数量 A_2	未来开发夜食品牌数量 A_{21}
		未来开发夜购品牌数量 A_{22}
		未来开发夜游品牌数量 A_{23}
		未来开发夜娱品牌数量 A_{24}
		未来开发夜宿品牌数量 A_{25}
		未来开发夜读品牌数量 A_{26}
业态丰富度 B	夜间文化和旅游品牌规模 B_1	旅游景点的面积 B_{11}
		旅游景点接待人流量 B_{12}
	夜间文化和旅游品牌种类 B_2	现有夜食类品牌数量 B_{21}
		现有夜购类品牌数量 B_{22}
		现有夜游类品牌数量 B_{23}
		现有夜娱类品牌数量 B_{24}
		现有夜宿类品牌数量 B_{25}
		现有夜读类品牌数量 B_{26}
基础设施完善程度 C	商业便利性 C_1	商圈与夜宿地之间的半径距离 C_{11}
	公共设施便利性 C_2	医院数量 C_{21}
		医院等级 C_{22}
		周边公共卫生间的数量 C_{23}
		周边垃圾桶的数量 C_{24}
		景点与医院的半径距离 C_{25}

续表

一级指标	二级指标	三级指标
基础设施完善程度 C	服务时间便利性 C_3	景点夜间开放时间长度 C_{31}
	公共交通便利性 C_4	公共汽车线路数量 C_{41}
		地铁线路数量 C_{42}
		公共交通站点到景点的步行距离 C_{43}
		公共交通线路营业时间 C_{44}
	夜间照明 C_5	景点夜间营业时间 C_{51}
		夜间景点周边商铺营业的数量 C_{52}
文化和旅游品牌 D	夜间文化和旅游品牌数量 D_1	美食数量 D_{11}
		休闲娱乐数量 D_{12}
		住宿数量 D_{13}
		游玩数量 D_{14}
	夜间文化和旅游品牌传播 D_2	美食热度 D_{21}
		休闲娱乐热度 D_{22}
		住宿热度 D_{23}
		游玩热度 D_{24}
	夜间文化和旅游品牌价值 D_3	线上平台推荐等级 D_{31}
		游客了解品牌的问卷数量 D_{32}
消费活跃性 E	总体活跃性 E_1	消费总额 E_{11}
		在省级区域内的排名 E_{12}
		入选国家级数量 E_{13}
		入选广西地区十佳数量 E_{14}
	区域活跃性 E_2	公共汽车线路到达数量 E_{21}
		地铁线路到达数量 E_{22}
		区域公共交通线路营业时间 E_{23}
		外卖月销量 E_{24}
	时间活跃性 E_3	工作日不同时间段人流量 E_{31}
		周末不同时间段人流量 E_{32}

续表

一级指标	二级指标	三级指标
消费活跃性 E	时间活跃性 E_3	淡季不同时间段人流量 E_{33}
		旺季不同时间段人流量 E_{34}
	人群活跃性 E_4	不同年龄人群数量比例 E_{41}
		不同职业人群数量比例 E_{42}
		不同学历人群数量比例 E_{43}
		不同性别人群数量比例 E_{44}
消费评价 F	消费者满意度 F_1	满意评价数量 F_{11}
		不满意评价数量 F_{12}

三、指数说明

1.广西城市夜间文化和旅游经济发展指数说明

如何描绘一座城市夜间文化和旅游经济的成长现状和发展潜力是本书的研究核心。本书的指数构建以数据和方法论为基础,确定了一系列的指标。指标选取的过程,重点考察了影响城市夜间文化和旅游经济发展的重要因子,如城市的政策、夜间文化和旅游品牌、基础设施、民族文化等。

城市夜间文化和旅游经济的发展潜力与当地政府的支持力度息息相关,在构建指标体系的过程中,政府支撑力度是首要考虑因素之一;随着经济发展、人民生活水平提高,游客和当地居民对多层次、高品质、有文化底蕴的夜间消费需求与城市供给能力不足之间的矛盾日益突出。游客和当地居民更加关注其夜间消费幸福感的获得,从而对基础设施、服务水平、业态丰富、品质档次等都有各式各样的要求,对夜间消费项目将更强调丰富性、便利性、安全性、合理性和高品质等需求。所以,夜间文化和旅游业态的丰富度、基础设施及文化和旅游品牌就成为核心考察指标;此外,对当下夜间消费的游客和当地居民而言,随着需求层次的增加,夜间消费场所已不仅是一个消费空间,更是一个生活场域,夜间消费场所客群画像的好坏将直接影响未来城市夜间文化和旅游经济的发展。因此,消费活跃性也在考察范围内;夜间消费体验的好坏也在很大程度上影响游客和当地居民幸福感的获得,故消费评价也纳入考察指标。

具体而言:

政府支持力度指标表示当地权力机构对夜间文化和旅游经济发展的重视程度和给予的有利措施与政策,可以比较直观地反映一个城市夜间文化和旅游经济发展的潜力和空间。

业态丰富度指标表示夜间文化和旅游消费业态的数量和规模情况,既考虑夜间消费的丰富性、存在的种类规模,也考虑每个业态在夜间消费商圈内的数量情况。

基础设施指标表示夜间文化和旅游消费商圈内各类服务设施相互之间的距离情况,包括商业住宿、医疗设施、文体娱乐活动、公共交通四大类设施,同时考虑了便利性和安全性。

文化和旅游品牌指标表示与文化有关的夜间旅游品牌数量、传播热度和价值,充分考虑游客和当地居民关心的夜间文化和旅游消费品质的问题,也反映了一个城市夜间经济的发展活力。

消费活跃性指标表示一个城市夜间消费承载的量级以及活跃强度,从而挖掘出夜间文化和旅游经济发展的可持续性和稳定性。

消费评价指标表示游客和当地居民以夜间消费商圈为中心消费空间的整体评价,评价的优劣直接影响到一个城市夜间文化和旅游经济发展的速度和效率。

2.广西城市夜间文化和旅游经济活跃度指数说明

可从一个城市夜间文化和旅游经济活跃度的角度去衡量该城市夜间文化和旅游经济的发展水平,即重点从"夜食、夜购、夜游、夜娱、夜宿和夜读"6个维度去分析夜间经济的供给和需求,具体而言:

夜食活跃度指标表示晚餐夜宵的消费活跃度情况,游客和当地居民的夜间生活往往以晚餐为开端,大多发生在 18:00—20:00。在综合评价中,夜食消费的评价频次和评分都是最高的,是夜间经济发展活力评估中非常直观的参考。

夜购活跃度指标表示游客和当地居民线下娱乐购物的情况,其综合评价仅次于夜食,并且游客和当地居民在该项目的消费金额往往是最多的。夜购活跃度也能比较直观地反映一个城市夜间文化和旅游经济的发展水平。

夜游活跃度指标表示夜间文化和旅游消费的情况,广西是旅游大省,夜游活跃度对挖掘夜间文化和旅游经济发展具有很强的导向性作用。

夜娱活跃度指标表示游客和当地居民在夜间娱乐消费的情况,看电影、去酒吧等消费一般都是晚餐后进行,即使在 21:00 以后也有很可观的消费流量,对夜间经济发展同样具有较高的指导作用。

夜宿活跃度指标表示游客夜间住宿的情况,这一项主要针对游客而言,既能反映一个城市的旅游承载量,也能体现外地游客对一个城市夜间文化和旅游经济发展的贡献力。

夜读活跃度指标表示游客和当地居民对学习培训的消费情况,这是近几年红火起来的夜间消费项目,也是夜间经济消费潜力排名第一的项目(数据来源于《2019—2020 中国网民"夜经济"指数报告》)。

四、指数权重确定

在广西城市夜间文化和旅游经济活跃度指数和发展指数体系中,不同指标对想要测度的经济指数的贡献率或者影响力是不同的,有些指标的变动对指数的影响较大,因此只有与之相匹配的权重系数才能提高指数评价结果的可信度。广西城市夜间文化和旅游经济活跃度指数和发展指数体系具有系统化、层次化、递归性、定性定量兼顾的特点,考虑到夜间文化和旅游经济发展状况和活跃度评估的复杂性以及这项工作的探索性,我们采用主客观赋权法相结合的混合性赋权法对各项指标进行赋权。具体而言,在专家论证结果的基础上进行层次分析,进一步采用客观赋权法,即结合变异系数法、熵值法和等权法等进行综合评价,同时考虑指标性能好坏、数据特征和数据完整性等对主观赋权结果再酌情调整权重。采用层次分析法(Analytic Hierarchy Process, AHP)和客观赋权法相结合的赋权方式不但能够获取专家意见,而且能够保持一定的客观性。该方法能够更合理地分配各指标的权重。

从分目标层开始,对每一层次中隶属上层元素的同一元素(即同级指标)进行两两比较,并按其重要程度评定等级赋值,建立判断矩阵。目前,广泛采用的两两比较标度方法是萨蒂提出的1—9标度法。

本报告指数采用焦点小组法来建立判断矩阵群,即由旅游与消费领域多名专家独立对各层指标的重要性进行判断,并按萨蒂1—9标度法打分。这种方法可以提高判断的准确性,从而增强权重的可信度。实行赋值打分制,可以通过专家德尔菲法最终数据测度一个城市夜间文化和旅游经济发展水平。

1.数据标准化

首先,对各级参数进行数据标准化操作,确立统一指标UI,主要目的在于消除各指标在量纲与数量级上的差异,用无量纲化的数据替代原始数据进行主成分分析,从而确保分析结果更加可靠。

$$UI = \frac{X_i}{\sum_1^n (X_1 + X_2 + \cdots + X_n)} \times 100 \qquad (2.1)$$

2.累计方差贡献率

确定方差贡献率首先要把全局立体数据表的协方差矩阵、主成分分析的特征根和特征向量计算出来。主成分方差之和由原始变量的方差构成,方差贡献率等于该主成分的特征值除以所有主成分的特征值;特征根从大到小排列$\lambda_1 > \lambda_2 > \lambda_3 > \cdots > \lambda_m$,主成分的具体个数由提取特征值大于1,累计方差贡献率大于80%确定。

3.求成分矩阵与成分得分系数矩阵

通过成分矩阵可以得知各个指标的因子载荷系数,大小为0~1。成分得分系数是通过因子载荷数求得,其公式如下:

$$\alpha_i = \frac{K_i}{\sqrt{\lambda_i}} \qquad (2.2)$$

式中　K——因子载荷数；

　　　λ——主成分特征值；

　　　i——第 i 个主成分。

4.计算综合得分

得分系数矩阵与各变量乘积之和即为主成分得分，其公式如下：

$$
\begin{aligned}
Q_1 &= \alpha_1 X = \alpha_{11} X_1 + \alpha_{12} X_2 + \cdots + \alpha_{1p} X_p \\
Q_2 &= \alpha_2 X = \alpha_{21} X_1 + \alpha_{22} X_2 + \cdots + \alpha_{2p} X_p \\
&\vdots \\
Q_m &= \alpha_m X = \alpha_{m1} X_1 + \alpha_{m2} X_2 + \cdots + \alpha_{mp} X_p
\end{aligned}
\qquad (2.3)
$$

根据之前确定的权重可得综合得分：

$$Q = \sum_{i}^{m} \omega_i \times Q_i \qquad (2.4)$$

3

广西城市夜间文化和
旅游经济发展现状分析与研判

一、广西城市夜间文化和旅游经济发展概况

近年来,自治区党委、政府立足广西发展大局,把文化和旅游业发展摆在突出位置,作出了推动文化和旅游业高质量发展、加快建设文化和旅游强区的重大战略部署,经过各级各部门共同努力,广西城市夜间文化和旅游经济发展取得了显著成效。

近三年,尽管受到了新冠病毒感染疫情的冲击,但在自治区党委、政府的坚强领导下,广西上下坚持一手抓疫情防控,一手抓文化和旅游业复苏振兴,2021年广西接待国内游客 7.98 亿人次,同比增长 20.8%;实现国内旅游消费 9 062.99 亿元,同比增长 24.8%。2021 年国庆黄金周,广西累计接待游客 3 611 万人次,比 2019 年同期增长 8.5%;实现旅游消费 272 亿元,比 2019 年同期增长 18.9%。数据表明,广西文化和旅游业正在加速恢复,消费信心已全面回升,产业发展表现出强大的韧性和动力。其中,广西城市夜间文化和旅游经济的发展起到了重要作用。

2020 年,广西发展和改革委员会印发的《关于加快发展广西夜间经济的指导意见》明确指出,广西将着力打造夜间消费场景和示范街区,完善夜间交通、安全、环境等配套设施,提高夜间消费便利度和活跃度,构建布局合理、功能完善、业态多元、管理规范、各具特色的夜间经济发展格局。2021 年 10 月,文化和旅游部发布了第一批国家级夜间文化和旅游消费集聚区名单,其中广西有 6 个项目入选,从数量上看与北京、上海、江苏、河北等省市同属第一梯队,夜间经济的发展激发了广西城市的活力。例如,南宁市的夜间经济具有较好的发展基础,该市的消费场景日趋丰富,成为不少游客和当地居民的热门打卡地,进一步满足了人民吃、喝、娱、购、文体、社交等多元化的消费需求。艾媒咨询数据显示,中国夜间消费约占总体零售额的六成,并持续以约 17% 的规模增长,是拉动中国内需的重要抓手。

二、广西城市夜间文化和旅游经济发展现状研判

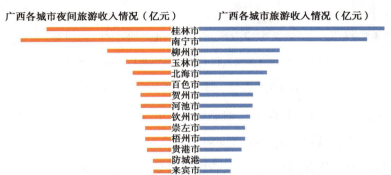

图 3.1　2019 年广西各城市旅游收入和夜间旅游收入分布情况

（数据来源于红豆社区网、广西壮族自治区统计局、广西旅游数据中心和南宁新闻网）

根据广西各市文化和旅游行政管理部门、统计局以及广西旅游数据中心提供的广西各城市旅游收入和广西各城市夜间旅游收入数据来看（图 3.1），南宁、桂林、柳州、北海 4 市的旅游收入约占广西旅游总收入的一半。从广西各城市夜间旅游收入情况来看，广西各城市呈现较为明显的"五级梯度发展结构"，南宁一支独大，位列第一梯队；桂林是国际知名旅游城市，居于第二梯队；柳州紧随其后，位列第三梯队；北海和玉林体量相当，同属第四梯队；其他城市整体相差不大，统归第五梯队。因此，南宁、桂林、柳州和北海 4 市能够代表广西城市夜间文化和旅游经济发展的先锋力量。

1.广西城市夜间文化和旅游市场客源构成

从图 3.1 可知，南宁、桂林、柳州和北海 4 市可以作为广西城市夜间文化和旅游经济发展的城市研究样本，所以本书中的客源结构分析即围绕这 4 个城市展开。从图 3.2 可知，南宁市的客源大部分是省内游客，占比超过七成（注：该数据主要由本课题小组以街边走访或调查问卷的形式获得）。

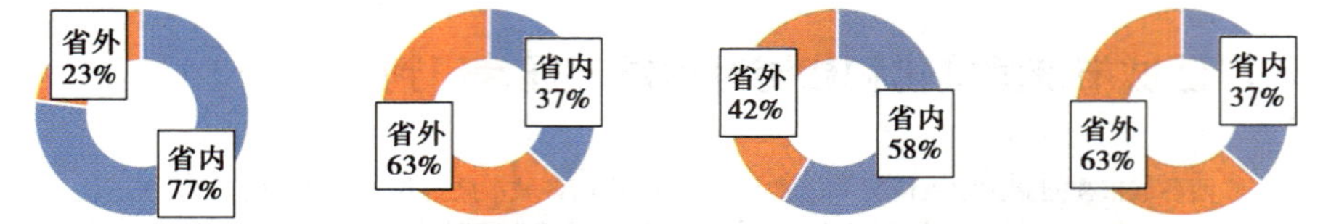

南宁市游客来源分布　　桂林市游客来源分布　　柳州市游客来源分布　　北海市游客来源分布

图 3.2　广西城市夜间文化和旅游经济客源结构示意图

（数据来源：2021 年广西旅游数据中心）

南宁市作为广西首府，既是广西的经济文化交流中心，也是第一批国家文化和旅游消费试点城市。南宁拥有知名夜间文化和旅游品牌 28 个。其中，夜间美食街区 5 个、夜间购物中心 5 个、夜间游览景点 5 个、夜间娱乐场所 5 个、夜间住宿酒店 5 家、夜间阅读书店 3 家。

柳州市的省内游客几近六成。该市正在着力构建文化旅游产业发展新格局，扎实推进重大文化和旅游项目建设，挖掘打造特色夜间文化和旅游品牌。柳州拥有知名夜间文化和旅游品牌 22 个。其中，夜间美食街区 4 个、夜间购物中心 4 个、夜间游览景点 4 个、夜间娱乐场所 4 个、夜间住宿酒店 3 家、夜间阅读书店 3 家。

桂林市也是第一批国家文化和旅游消费试点城市。作为国际旅游名城、国家历史文化名城、生态山水名城，桂林市旅游总消费为广西地区第一，打造世界级旅游城市是该市未来发展的目标。桂林拥有知名夜间文化和旅游品牌 26 个。其中，夜间美食街区 5 个、夜间购物中心 4 个、夜间游览景点 4 个、夜间娱乐场所 4 个、夜间住宿酒店 5 家、夜间阅读书店 4 家。

北海市是广西滨海旅游城市，也是广西旅游的重点城市之一，是第二批国家文化和旅游消费试点城市。2020 年 12 月，北海市涠洲岛的南湾鳄鱼山景区荣获国家 AAAAA 级旅游景区称号；北海市还承办了 2021 年广西文化和旅游发展大会。北海拥有知名夜间文化和旅游品牌 23 个。其中，夜间美食街区 2 个、夜间购物中心 3 个、夜间游览景点 5 个、夜间娱乐场所 4 个、夜间住宿酒店 5 家、夜间阅读书店 4 家。

2.广西城市夜间文化和旅游消费人口学特征分析

人口学特征分析是了解旅游市场、提供精准化旅游服务的重要手段。以下就针对广西城市夜间旅游人口性别比、年龄结构、职业状况和教育程度 4 个方面进行统计和分析。

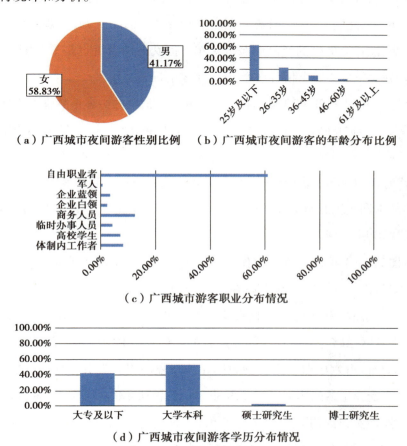

（a）广西城市夜间游客性别比例　（b）广西城市夜间游客的年龄分布比例

（c）广西城市游客职业分布情况

（d）广西城市夜间游客学历分布情况

图 3.3　广西城市夜间文化和旅游消费人口特征情况示意图

（数据来源于 2021 年调研）

从图 3.3（a）可知,广西 4 市的夜间游客中,女性游客占 58.83%,是夜间旅游市场的"主力军"。根据驴妈妈旅游网发布的《2019 女性用户旅游消费习惯报告》可知,女性消费者和男性消费者的比例约为 6∶4,在该平台下单预订旅游产品的用户中,女性占比 61.3%。女性对旅游目的地特产有较强的购买力,85%的女性游客表示会在旅游中购买当地特产。服饰、珠宝和化妆品等也是女性在旅途中消费的"重头戏",国内外各大商场和免税店经常被女性游客"占领"。与男性游客相比,女性更愿意体验当地生活,在品尝各地美食上比男性更有浓厚的兴趣。与此同时,女性消费者更注重旅游产品的品质,追求精神和物质的双重享受,愿意为更好的产品和服务买单。但女性消费者也是最"谨慎"的群体,她们在旅行前更注重精打细算,做好十足的准备工作。

从图 3.3(b)可知,广西城市夜间文化和旅游消费的游客年龄段主要集中在 35 岁及以下,即"00 后""90 后"居多。中国银联商务监测数据显示,中国的"80 后""90 后"在夜间文化和旅游消费方面的占比分别达到 40.0%、19.8%,其中"80 后"游客的夜间消费最活跃,消费金额及成交数均占到游客群体的 40% 以上。但从本课题组的调研数据来看,广西城市夜间文化和旅游消费群体还是以"00 后""90 后"为主。

从图 3.3(c)可知,广西城市夜间文化和旅游消费人群中,自由职业者最多,达到 61.1%,军人最少,不到 1%;在其余的消费人群中,比重较大的是商务人员、高校学生和体制内工作者;还有少量的企业蓝领和白领,且蓝领比白领比例略高。在智联招聘与美团点评联合发布的《2019 年中国白领夜间消费调研报告》显示,全国有六成白领因各种原因无法在夜间得到充分放松,对加班族而言,无法享受夜生活的比例更是高达 89.8%,但移动互联网的普及不断延伸消费场景,餐饮外卖、"闪购"(通过线上下单线下即时配送上门的网络购物模式)等"互联网+生活服务",已经成为白领夜间消费的新选择。本书中的人口特征数据是通过走街访谈或问卷调查得到的,与《2019 年中国白领夜间消费调研报告》公布的数据基本吻合,表明本课题采集的数据具有参考价值。

从图 3.3(d)可知,广西城市夜间文化和旅游消费的游客中,本科及以下学历占到了九成,与 2020 年 12 月 9 日中国社会科学院财经战略研究院、中国社会科学院旅游研究中心及社会科学文献出版社联合发布的《休闲绿皮书:2019—

2020年中国休闲发展报告》结果相似。也有研究论文《旅游目的地选择的学历群体差异——以北京、西安、武汉城市居民为例》指出,不同学历群体对不同类型的景区存在偏好差异,学历越高的群体,出游能力越强,高学历群体更偏好人文类景区。因此,广西在发展夜间文化和旅游经济时有必要重视高学历群体市场,充分挖掘当地的文化因素,加深旅游中的文化氛围,推动文旅融合。

3.广西城市夜间文化和旅游消费行为特质分析

根据广西城市夜间文化和旅游消费人口学特征的分析和论述,为准确刻画广西城市夜间文化和旅游经济参与者的行为特征,必须对夜间文化和旅游经济活动的参与者行为特质进行剖析和研究。

从图3.4(a)可知,南宁、桂林、柳州、北海4市夜间消费频率为一周1~2次的占36.85%,消费频次很低的也占相当比例,达到35.86%。根据驴妈妈的数据,超九成游客体验过夜游,参与度高、消费旺。

从图3.4(b)中可知,南宁、桂林、柳州、北海4市夜间出游方式分5个梯队,与朋友结伴出行位列第一,占74.04%;与家人结伴出行位列第二,占57.47%;与同学结伴出行位列第三,占42.35%;与同事或独自出行的比例相当,位列第四,占比分别为29.32%和28.58%;与亲戚出行位列第五,占15.43%。通常而言,熟悉度越高,结伴出行的概率越大,消费动机更强。

从图3.4(c)可知,南宁、桂林、柳州、北海4市夜间消费时长主要以2~3小时为主,约三成;其次为2小时以内和3~4小时,占比分别为27.53%和21.54%,4小时及以上的较少,不到20%。可见,从18:00开始,南宁、桂林、柳州、北海4市夜间营业最有效时段为18:00—22:00,零点以后消费量将大幅降低。

从图3.4(d)可知,南宁、桂林、柳州、北海4市夜间消费时段也主要集中在18:00~21:00和21:00—23:00,与图(c)结论相符。

从图3.4(e)可知,南宁、桂林、柳州、北海夜间消费的交通出行中,自驾车最多,约占一半;其次是步行、网约车、公交车和共享单车,均在1/3左右;再次是共享电动车,约占1/4;最少的是共享汽车,约占1/6。

从图 3.4(f)可知,广西城市夜间游玩需求中,首要的是对交通和环境的需求,都约占六成;其次是对配套服务和消费适宜的需求,均达到了四成;再次是对文化、特色、景观、灯光和生活的需求也达到了三成;最后是对格调的需求,占比不到两成。

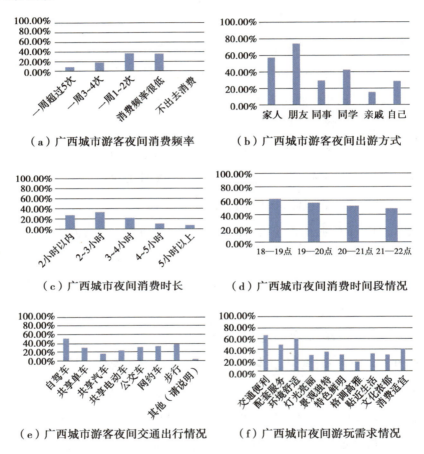

（a）广西城市游客夜间消费频率　　（b）广西城市游客夜间出游方式

（c）广西城市夜间消费时长　　（d）广西城市夜间消费时间段情况

（e）广西城市游客夜间交通出行情况　　（f）广西城市夜间游玩需求情况

图 3.4　广西城市游客夜间消费行为特质情况

（数据来源于 2021 年调研）

4.广西城市夜间文化和旅游消费行为偏好

从图 3.5(a)可知,南宁、桂林、柳州、北海 4 市夜间游玩的游客收入水平整体并不高,月收入 3 000 元及以下的占 50%,月收入 3 000~5 000 元的占 30%,

月收入5 000元及以上的不到20%。

从图3.5(b)可知,南宁、桂林、柳州、北海4市游客夜间消费金额以100~500元居多,占52.9%;其次是0~100元,占22.59%;第三是500~800元,约15%;800元及以上的不到10%。

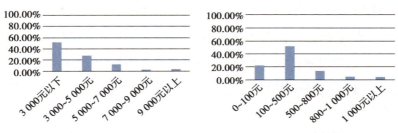

（a）广西城市夜间游玩游客月收入水平　　（b）广西城市游客夜间消费金额

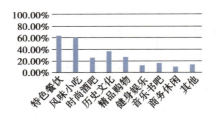

（c）广西城市游客夜间消费类型情况

图3.5　广西城市夜间文化和旅游消费行为偏好分析

（数据来源于2021年调研）

从图3.5(c)可知,南宁、桂林、柳州、北海4市游客夜间消费的类型,美食类遥遥领先,特色餐饮和风味小吃分别占64.01%和60.56%;其次是历史文化,接近40%;精品购物和时尚酒吧的份额相当,均约占1/4;剩下的音乐书吧、商务休闲、健身娱乐及其他均未超过20%。在《2019中国城市夜经济影响力报告》中,桂林作为广西代表进入全国前50城市参与评选,根据中国城市夜间经济影响力综合得分显示,桂林位居第三梯队,整体评分25.2分;而第一梯队的整体评分达到69.8分,主要以一线和新一线城市为主。

上述数据表明:一是广西地区的整体经济水平与一线城市还有相当差距;二是广西夜间经济消费活跃度不高。

5.经济收益

图3.6(a)为2018—2020年南宁、柳州、桂林、北海4市GDP发展情况。从经济收入总量来看,南宁最高,柳州次之,桂林第三,北海第四;南宁GDP的上升趋势较其他3个城市更显著。柳州2018—2019年GDP提升明显,受新冠疫情影响2019—2020年基本持平,略有提升。桂林2018—2020年GDP整体持平。值得一提的是,桂林作为旅游型城市,在新冠疫情防控背景下,依然能保持GDP不下滑,说明桂林的文化和旅游品牌知名度处于较优质的层次。北海的整体体量最小,趋势与柳州相似,可见北海在文化和旅游品牌的打造和规划方面取得明显成效。

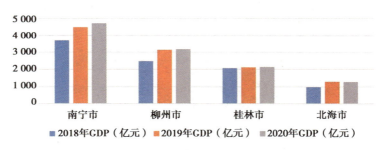

（a）2018—2020年广西城市GDP情况

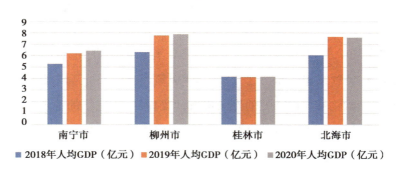

（b）2018—2020年广西城市人均GDP情况

图3.6　2018—2020年广西夜间文化和旅游经济

典型城市GDP和人均GDP情况

图 3.6（b）为 2018—2020 年南宁、柳州、桂林、北海 4 市人均 GDP 发展情况。从个人收入来看,柳州最高,北海次之,南宁第三,桂林第四;作为广西首府的南宁,人均 GDP 位居北海之后,说明该市的文化和旅游市场还有巨大的挖掘空间。柳州的人均收入在广西最高,但该市在游客接待和旅游收入方面却排名靠后,这表明柳州市在文化和旅游品牌的打造上还需进一步提升深度和广度,在新冠疫情常态化防控的背景下,可以吸引更多的本地及邻市市民前来游览消费。北海的人均 GDP 在广西地区非常靠前,但与其他同等类型的港口型城市,如三亚、珠海等相比还有一定的差距,北海市在文化和旅游品牌的规划和宣传上可以继续加大力度,成长潜力巨大。桂林作为广西旅游的代表性城市,旅游收入占经济总收入的比重较大,但人均收入在南宁、柳州、桂林、北海 4 市中最低,在一定程度上说明该市旅游产业单一,辐射范围狭窄,除景区和景点门票等必要消费项目外的软性消费项目吸引力不大,亮点产品不足,无法有效地激发游客的二次消费。

6.广西城市夜间文化和旅游经济发展社会效益分析

夜间文化和旅游消费品牌是一种新型的现代城市业态,包括夜食、夜购、夜游、夜娱、夜宿和夜读等一系列夜间活动,是衡量一个城市的开放度、活跃度、繁荣度的重要标尺,展示着一个城市的发展活力、发展潜能、发展人气,已经成为现代城市经济发展和城市生活不可或缺的要素之一。

广西城市夜间文化和旅游经济发展研究能直观地反映出南宁、桂林、柳州、北海 4 市在发展夜间文化和旅游方面的积极探索,使广西城市夜间文化和旅游消费品牌异彩纷呈。本书的研究成果旨在鼓励广西地区各地市相互取长补短,量身打造符合自身特色的夜间文化和旅游品牌,有些场所可适当延长营业时间,相关管理部门可推出特色文化和旅游活动等。要敢于突破"吃喝买"的传统夜间消费模式,在文化和旅游深度融合的内涵上下功夫,既有热闹的夜市排档也有安静的书桌茶座。

期待本书的研究能够推动广西城市夜间文化和旅游经济的高质量发展,促进政府部门和各相关企业不断注入新元素,在"烟火气"的旅游中闪耀"文化范儿"的光辉,实现经济效益与社会效益的和谐统一。

三、广西城市夜间文化和旅游经济业态构成特点

1.传统业态已经无法满足游客新的消费需求

传统旅游业包括自然观光、民俗风情、文化体验、休闲度假、商务会议、考察探险、科普研学以及都市和田园风光观赏等类型,主要围绕自然和人文旅游资源进行旅游开发和宣传促销以满足游客的需求,并且基本上都是白天旅游产品。随着时代的进步,游客素质的不断提高,对旅游产品的要求也不断提高,传统旅游业态已跟不上快节奏的游客消费需求,开发旅游新业态满足游客需求成为迫在眉睫的重要任务。于是,夜间旅游应运而生,成为旅游经济的主体之一,蕴藏着巨大的旅游消费市场潜力。

2.新业态呈现多样化发展、多地域分布特点

广西地区加强文化和旅游融合,推出与食、购、游、娱、宿、读相对应的特色美食型、购物休闲型、主题游乐型、景点娱乐型、度假住宿型和学习提升型等六大类夜间旅游消费新业态。

南宁市为了加快夜间文化和旅游经济发展,于 2020 年发布《南宁市关于加快发展夜间经济的实施意见》,计划打造以"24 小时消费"为重点的"夜购""夜食""夜娱"消费场景,力争到 2022 年,在全市打造 8 个高品质夜间经济集聚区,建成 10 个夜间经济示范项目。到 2021 年底,南宁市的三街两巷和邕江南岸片区成功入选第一批国家级夜间文化和旅游消费集聚区。

桂林市为了加快夜间文化和旅游经济发展,助力 2021 年广西文化和旅游夜游促消费活动,共设计发布了 8 条夜游精品线路,即灯影漓江逍遥夜游、新"江湖"古街巷夜游、嗨食嗨购嗨玩夜游、时尚购物美食夜游、品读新桂林夜游、阳朔印象刘三姐夜游、风情阳朔·瑶韵恭城夜游、龙胜桑江温泉夜游。随着夜间文化和旅游经济的深入发展,桂林市还将推出线上线下版的《桂林夜间消费打卡地图》,为桂林市民和外地游客提供更丰富的"夜桂林"体验活动。2021 年底,桂林市的阳朔益田西街文化体验街区已成功入选第一批国家级夜间文化和旅游消费集聚区。

柳州市政府十分重视夜间文化和旅游经济发展,2021 年窑埠古镇成功入选

第一批国家级夜间文化和旅游消费集聚区。2021年印发《柳州市加快发展夜间经济的实施意见》，主要内容包括：重点打造一批夜间经济示范街区；巩固提高原有夜间经济品牌，打造精品；繁荣"夜食"特色餐饮、"夜购"时尚消费、"夜游"主题观光和"夜娱夜健"文体体验；做好夜市试点工作，促进行业自律发展，维护夜间市场经营秩序；延长夜间经济营业时间；实施夜间包容审慎监管，推动配套设施提档升级；加大资金扶持力度，策划系列宣传营销活动。同时，着力打造夜间消费场景和示范街区，完善夜间交通、安全、环境等配套设施，提高夜间消费便利度和活跃度，在全市构建布局合理、功能完善、业态多元、管理规范、各具特色的夜间经济发展格局。

北海市为了加快夜间文化和旅游经济发展，学习借鉴南宁三街两巷、桂林东西巷、桂林阳朔西街开发模式，将本地银滩疍家小镇船头铺商业步行街、高德老街和珠海路—沙脊街—中山路历史文化街区等3个街区打造成为夜间经济示范街区。在夜间经济示范街区内集齐"夜食"特色餐饮、"夜购"时尚消费、"夜游"主题观光、"夜娱"文化体验和"夜宿"品质休闲五大特色。北海市委、市政府规划将北海建设成为以"海—岛—滩—湾，城—湖—山—林"等特色旅游资源为主，以浓郁海洋风情和深厚的历史文化为主要特色，以海洋休闲、文化体验、养老养生、滨海运动为主要品牌，以"南珠之乡、休闲北海"为形象，融合休闲、度假、观光、会议、赛事、娱乐等功能于一体的国际滨海旅游城市、泛北部湾国际旅游集散中心、东盟国际旅游合作示范区。2021年底，北海市的北海老城景区成功入选第一批国家级夜间文化和旅游消费集聚区。

四、广西城市夜间文化和旅游经济活动地域与人群分布情况

（一）宏观层面的分析

根据参选和入选"2020年广西夜间经济文化和旅游品牌"的十佳名单等资料和数据，从宏观层面对广西城市在文化和旅游方面的夜间热度情况进行分析（图3.7—图3.11）。主要分析美食夜市、夜游景区、夜读书店（屋）、夜间演艺和夜游文化街区等内容。

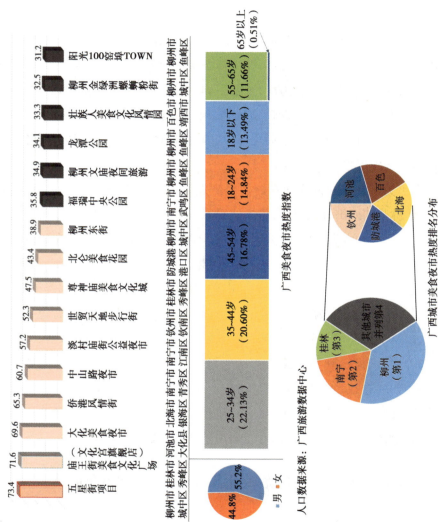

图 3.7　广西城市美食夜市地域与人群分布情况

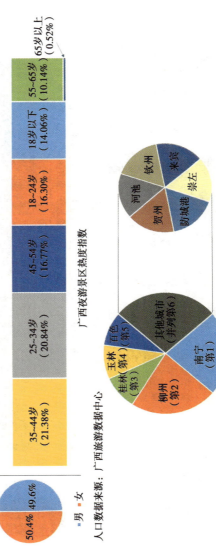

图 3.8 广西夜游景区地域与人群分布情况

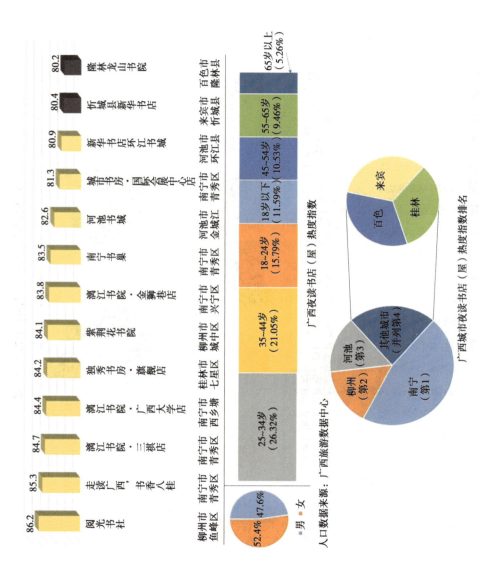

图 3.9　广西夜读书店（屋）地域与人群分布情况

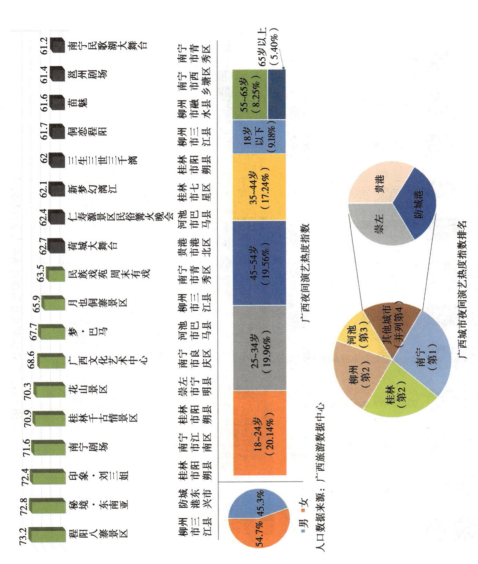

图 3.10 广西夜间演艺地域与人群分布情况

人口数据来源：广西旅游数据中心

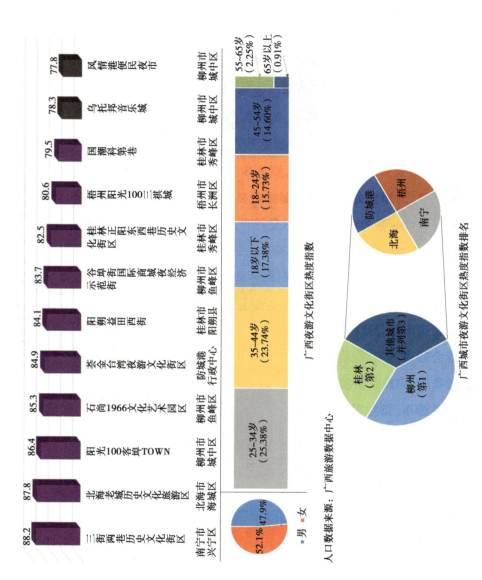

图 3.11 广西夜游文化街区地域与人群分布情况

从图 3.7—图 3.11 可知,南宁、桂林、柳州、北海 4 市夜间旅游活动内容的侧重点和热度各有不同。具体情况如下:

①在美食夜市热度中,柳州市第一,南宁市第二,桂林市第三,北海市第四;从性别来看,男性比女性多,占 55.2%;从人口年龄段来看,整体以"80 后""90 后"为主,也有部分"70 后",排名前三的年龄段为 25～34 岁、35～44 岁和 45～54 岁,占比分别为 22.13%、20.60% 和 16.78%。

②在夜游景区热度中,南宁市第一,柳州市第二,桂林市第三,北海市未上榜;从性别来看,男女比例基本持平,各占一半;从人口年龄段来看,"80 后"更活跃,排名前三的年龄段依次为 35～44 岁、25～34 岁和 45～54 岁,占比分别为 21.38%、20.84% 和 16.77%。

③在夜读书店热度中,南宁市第一,柳州市第二,桂林市第三,北海市未上榜;从性别来看,女性以 52.4% 略居多数;从人口年龄段来看,整体趋向年轻化,排名前三的年龄段依次为 25～34 岁、35～44 岁和 18～24 岁,占比分别为 26.32%、21.05% 和 15.79%。

④在夜间演艺热度中,南宁市最高,桂林市次之,柳州市第三,北海市未上榜;从性别来看,女性以 54.7% 明显占优;从人口年龄段来看,"80 后"的活跃度相对较弱,排名前三的年龄段依次为 18～24 岁、25～34 岁和 45～54 岁,且分布较均匀,各约占 1/5。

⑤在夜游文化街区热度中,柳州市第一,桂林市第二,南宁市与北海市并列第三;从性别来看,女性以 52.1% 略居多数;从人口年龄段来看,年轻人热度较高,排名前三的年龄段依次为 18～24 岁、25～34 岁和 18 岁以下,占比分别为 25.38%、23.74% 和 17.38%。

综合榜单各项排名,广西文化和旅游夜间热度最高的是南宁市,其次为柳州市,桂林市第三,北海市第四。从广西各城市夜间旅游总收入来看,南宁市第一,桂林市第二,柳州市第三,北海市第四。从以上 5 个夜间文化和旅游消费类型来看,在性别比例项,除了美食夜市男性比例占优外,其余 4 项的女性均超过半数,可见女性在上述 4 市的夜间消费中起主要作用。

（二）中观层面的分析

本部分将根据各文化和旅游行政管理部门提供的数据,从中观层面出发分析每一设区的市的夜间文化和旅游品牌的分布情况（表 3.1—表 3.4）。

表 3.1 南宁市夜间文化和旅游知名项目分布情况

项目	推荐内容	
夜食（5 个）	（青秀区）中山路美食街 （青秀区）建政路夜市 （西乡塘区）农院路美食街	（西乡塘区）水街美食城 （兴宁区）西关夜市街
夜购（5 个）	（青秀区）万象城购物中心 （青秀区）航洋购物中心 （良庆区）宜家家居	（兴宁区）兴宁步行街 （江南区）江南万达
夜游（5 个）	（兴宁区）三街两巷 （西乡塘区）邕江夜游 （青秀区）云顶观光	（青秀区）青秀山夜游 （西乡塘区）相思湖小镇
夜娱（5 个）	（青秀区）方特东盟神画 （良庆区）广西文化艺术中心 （江南区）百益上河城	（青秀区）民歌湖酒吧街 （西乡塘区）南宁嘉丰文化创意园
夜宿（5 个）	（青秀区）会展豪生大酒店 （良庆区）五象山庄 （青秀区）沃顿国际大酒店	（青秀区）乐壳水畔酒店 （青秀区）南宁荔园维景国际大酒店
夜读（3 个）	（兴宁区）漓江书院·金狮巷店 （青秀区）光舍	（青秀区）书巢

数据来源:由 2021 年南宁市各级文化和旅游行政管理部门提供

从表 3.1 可知,南宁市夜间文化和旅游知名项目非常全面而丰富。除邕宁区和武鸣区没有夜间文化和旅游知名项目上榜外,其余各区均有项目上榜。从榜单上看,以青秀区为首,食、购、游、娱、宿、读均有上榜,可见南宁市青秀区的夜间经济活动非常活跃;兴宁区的"三街两巷"和江南区的邕江南岸片区已入选第一批国家级夜间文化和旅游消费集聚区;西乡塘区有 3 个项目上榜,夜读书

店、夜游景区和夜间演艺各 1 个。由此可见，南宁市周边县区相对于南宁市区
而言，夜间文化和旅游知名项目还有待开发。

表 3.2　柳州市夜间文化和旅游知名项目分布情况

项目	推荐内容	
夜食（4 个）	（城中区）青云民生夜市 （柳北区）胜利烧烤城	（柳北区）北雀路夜市 （柳北区）广雅民生夜市
夜购（4 个）	（柳南区）谷埠街 （城中区）乌托邦	（城中区）五星商业步行街 （城中区）万达东街商业步行街
夜游（4 个）	（城中区）百里柳江 （鱼峰区）窑埠古镇	（城中区）东门城楼 （鱼峰区）柳州文庙
夜娱（4 个）	（融水县）梦鸣苗寨 （三江县）月也侗寨	（鱼峰区）卡乐星球欢乐世界 （三江县）《坐妹》侗族风情大型实景演出
夜宿（3 个）	（城中区）丽笙酒店 （三江县）南夷民宿	（城中区）柳州宾馆
夜读（3 个）	（鱼峰区）24 小时书吧 （城中区）第三空间书吧	（鱼峰区）阅光书社

数据来源：由 2021 年柳州市各级文化和旅游行政管理部门提供

　　从表 3.2 可知，柳州市夜间文化和旅游知名项目较多，传播热度较高，在
2020 年全国城市传播热度排名中，柳州位居第 22 位。从榜单上看，主要分布在
柳州市的城中区、鱼峰区和柳北区，三江侗族自治县和融水苗族自治县也有少
数品牌上榜。从整体布局来看，柳州夜间文化和旅游知名项目分布比较均匀，
民族特色文化利用得较充分，鱼峰区的窑埠古镇已入选第一批国家级夜间文化
和旅游消费集聚区。柳州市周边的柳城县、鹿寨县和融安县还有一定的开发
空间。

表 3.3 桂林市夜间文化和旅游知名项目分布情况

项目	推荐内容	
夜食(5 个)	(秀峰区)庙王街 (秀峰区)尊神庙美食文化城 (资源县)五排油茶店	(龙胜县)临江休闲美食街 (雁山区)雁山新城
夜购(4 个)	(秀峰区)东西巷历史文化街区 (雁山区)桂林融创国际旅游度假区漓江后海奥特莱斯小镇	(临桂区)万达广场 (资源县)资源县本土文化创意展示中心
夜游(4 个)	(阳朔县)阳朔西街 (兴安县)兴安水街	(龙胜县)龙胜县城夜游风光 (资源县)资源县资江灯谷景区
夜娱(4 个)	(阳朔县)印象刘三姐 (阳朔县)桂林千古情	(临桂区)一院两馆 (资源县)资源县河灯祈福仪式
夜宿(5 个)	(秀峰区)桂林漓江大瀑布饭店 (阳朔县)竹窗溪语民宿 (秀峰区)城外·有闲	(雁山区)千里走单骑乐贝树屋 (龙胜县)金竹民宿
夜读(4 个)	(桂林市)独秀书房 (秀峰区)十二时辰书局	(阳朔县)猫的天空之城 (临桂区)桂林图书馆

数据来源:由 2021 年桂林市各级文化和旅游行政管理部门提供

从表 3.3 可知,桂林市夜间文化和旅游知名项目也较丰富,传播热度非常高,在 2020 年全国城市传播热度排名中,桂林位居第 16 位。从榜单来看,桂林市的夜间文化和旅游知名项目分布比较均匀,主要在秀峰区和阳朔县,其他周边县也有不少夜间文化和旅游知名项目上榜。其中,阳朔县的益田西街入选第一批国家级夜间文化和旅游消费集聚区。桂林市是第一批国家文化和旅游消费试点城市,观光游船、主题灯会、文化体验活动成为桂林夜间旅游新的风向标。但桂林市周边县拥有的夜间文化和旅游知名项目则较少,故桂林市区旅游企业可加强与周边县的合作,让夜间文化和旅游知名项目进一步辐射到周边县级区域,让游客进一步感知和融入桂林全域文化,深度了解桂林风情,感受夜间的桂林之美,更好地提升桂林市作为旅游城市的知名度。

表 3.4　北海市夜间文化和旅游知名项目分布情况

项目	推荐内容	
夜食（2个）	（银海区）侨港风情街	（合浦县）合浦夜市街
夜购（3个）	（海城区）北海老城 （银海区）北海万达广场	（海城区）宁春城
夜游（5个）	（银海区）北海银滩 （合浦县）月饼小镇 （海城区）外沙岛	（银海区）疍家小镇 （铁山港区）青山头乡村旅游区
夜娱（4个）	（银海区）银基水世界 （海城区）高德古镇	（合浦县）海丝首港 （涠洲岛）南湾街
夜宿（4个）	（海城区）流下村邻舍 （银海区）船居疍家民宿	（海城区）八马咖啡民宿 （银海区）解忧客栈
夜读（4个）	（海城区）城市智慧书房 （海城区）巴川图书馆	（银海区）花未眠书店 （海城区）好久不见（休闲书吧）

数据来源：由 2021 年北海市各级文化和旅游行政管理部门提供

　　从表 3.4 北海市夜间文化和旅游知名项目分布情况来看，该市尽管区域面积最小，但上榜的夜间文化和旅游知名项目却不少，主要集中在海城区和银海区，其中海城区的北海老城景区入选第一批国家级夜间文化和旅游消费集聚区。北海市是典型的滨海型旅游城市，在南宁、桂林、柳州、北海 4 市中，该市作为滨海型旅游城市的搜索热度在逐年攀升。北海市的地理位置较好，沿海资源丰富，美食特色明显，可见该市政府在夜间经济的开发和规划上充分发掘消费业态、打造城市知名度，发挥北海夜间文化和旅游资源优势，挖掘夜间文化和旅游消费潜力，推动本地居民乐享夜间文化和旅游发展成果取得显著成效。此外，北海市的临海线路还有很多区域有待开发，可见该市的夜间文化和旅游经济发展趋势还有一定的开发空间。

（三）微观层面的分析

　　依据《广西壮族自治区文化和旅游厅关于公布 2021 年"广西旅游休闲街

区"的通知》公布的街区名单,在微观层面上,主要从夜食、夜宿、夜娱 3 个方面对南宁、桂林、柳州、北海 4 市的 8 个旅游休闲街区进行更细化的分析研究(表 3.5—表 3.7)。

表 3.5 2021 年"广西旅游休闲街区"名单

城市	旅游休闲街区
南宁市	兴宁区"老南宁—三街两巷历史文化街区" 江南区"百益·上河城街区"
柳州市	融水苗族自治县"梦呜苗寨民族风情街" 鱼峰区"窑埠古镇街区"
桂林市	秀峰区"东西巷历史文化街区" 阳朔县"阳朔西街"
北海市	海城区"北海老城历史文化和旅游街区" 银海区"侨港风情街"
百色市	田阳区"田州古城旅游休闲街区"
河池市	大化瑶族自治县"达吽小镇街区"
崇左市	江州区"太平古城街区"

表 3.6 旅游休闲街区外卖总消费均值、极差和方差

城市	街区	平均值	极差	方差
南宁	老南宁三街两巷历史文化街区	73 710.8	157 005	4 102 587 200
	百益·上河城街区	45 606	98 416	1 593 892 740
桂林	东西巷	20 555	15 225	40 846 775
	阳朔西街	31 877.6	38 052	310 748 806.8
柳州	梦呜苗寨民族风情街	82 381	127 539	3 124 876 368
	窑埠古镇街区	66 686.8	78 024	124 2262 115
北海	北海老城历史文化和旅游街区	59 510.2	89 280	1 142 103 099
	侨港风情街	28 980.8	46 708	342 390 769.2

表3.7　8个旅游休闲街区电影院开设情况

城市	街区	电影院数量（个）
南宁	老南宁三街两巷历史文化街区	4
	百益·上河城街区	3
桂林	东西巷	2
	阳朔西街	2
柳州	窑埠古镇街区	1
北海市	北海老城历史文化和旅游街区	1

1."夜食"分析

本文摘取美团平台的美食类和外卖类数据,进行大数据抽样分析,研究8个旅游休闲街区的夜食现状。

（1）美食。在南宁、桂林、柳州、北海4市的8个旅游休闲街区中,每一街区抽取5家美食店铺,研究其评论数和人均消费额可以发现,8个街区的美食发展并不均衡。桂林市的阳朔西街整体发展较好,抽取的5家美食店铺评论数量均较多,夜食经济发展较好。阳朔西街抽到3家大师傅啤酒鱼店,说明游客对当地特色的啤酒鱼关注度较高,品尝啤酒鱼的游客较多,当地经营啤酒鱼的店铺发展较好。北海市的侨港风情街各店铺夜间经济发展极不均衡,越乡小厨评论数极高,是8个街区中美食店铺评论数最高的店铺,这与其经营特色菜品、分享越南美食有关。可见,在旅游的同时体验特色菜品、感受特色文化,对夜间游客更具吸引力（图3.12、图3.13）。

旅游休闲街区的美食人均消费较均衡,大多数美食店铺的人均消费约40~60元,处于夜间游客所能接受的消费能力范围。

（2）外卖。外卖是夜间经济的重要体现,是反映线上美食消费现状的重要指标之一。在南宁、桂林、柳州、北海4市的8个旅游休闲街区中,每一街区抽取5家外卖店铺,摘取外卖月销量和人均消费,计算出总消费额,可以发现8个街区的外卖发展现状并不均衡（图3.14）。老南宁三街两巷历史文化街区、梦鸣苗寨民族风情街和窑埠古镇街区的外卖总消费额较高,直观体现当地的线上美食夜间经济发展较好。

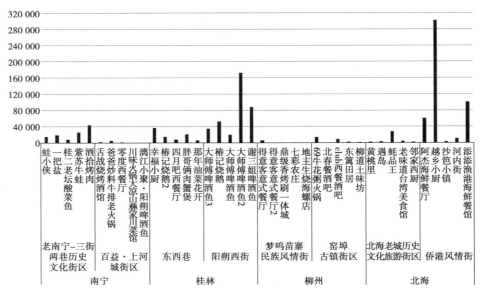

图 3.12　旅游休闲街区美食评论柱形图（单位：条）

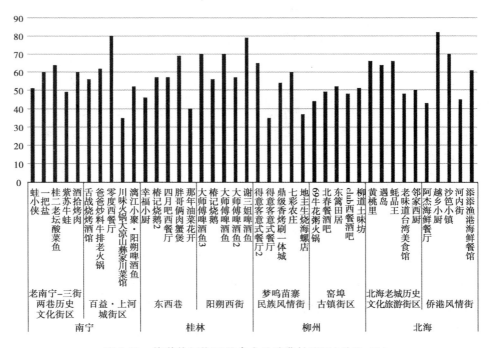

图 3.13　旅游休闲街区美食人均消费柱形图（单位：元）

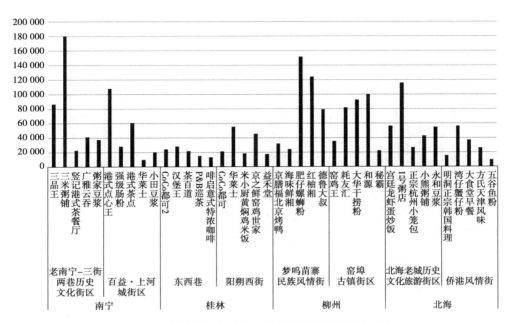

图3.14　旅游休闲街区外卖总消费柱形图（单位：元）

从8个街区外卖总消费平均值、极差、方差可知，柳州的梦鸣苗寨民族风情街和南宁的老南宁三街两巷历史文化街区夜间外卖经济整体发展较好，处于8个街区外卖总消费的第1梯队，平均水平较高。但不同外卖店铺的发展差距较大，北海的侨港风情街和桂林的东西巷夜间外卖经济处于8个街区的第4梯队，还有很大的提升空间。

2."夜住"分析

街区附近酒店的住宿情况可以直观地反映当地夜间经济游客的流动情况。本书摘取了携程平台上8个旅游休闲街区的评论数和人均消费额，估算出总消费额，进行大数据抽样分析，研究8个旅游休闲街区的夜宿情况（图3.15、图3.16）。

从8个旅游休闲街区的酒店评论数和总消费额可以发现，评论数较多的酒店总消费额也较高。南宁的老南宁三街两巷历史文化街区附近酒店的住宿经济发展较好，入住人数较多，总消费额较高。

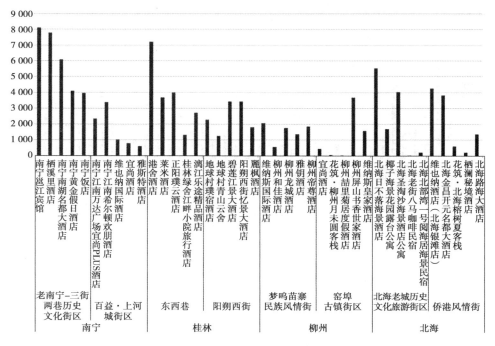

图 3.15　旅游休闲街区酒店评论柱形图（单位：条）

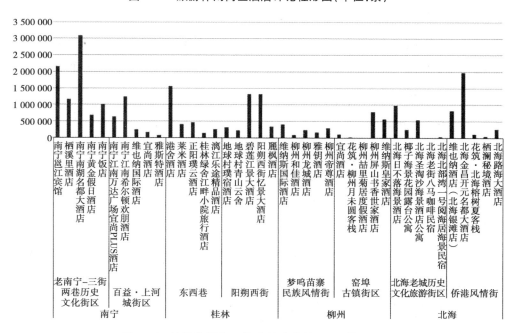

图 3.16　旅游休闲街区酒店总消费柱形图（单位：元）

3."夜娱"分析

夜间娱乐场所是提升夜间经济发展的有效途径之一,也是当地夜间文化和旅游经济情况的重要体现。本报告摘取美团平台上 8 个旅游休闲街区的电影院、KTV 和剧本杀 3 种娱乐场所数据,研究夜间文化和旅游经济发展现状。

(1)电影院。电影院作为夜间消费的主力之一,不仅可以带动电影院线夜间经济的发展,还可以助力周边其他商铺的夜间经济发展。

通过研究可以发现,南宁旅游休闲街区附近的电影院数(共计 4 家)最多,其余旅游休闲街区附近的电影院数较少。柳州的梦鸣苗寨民族风情街和北海的侨港风情街附近没有电影院,故建议开设电影院来增加旅游文化街区的人流量,带动当地夜间经济发展。

(2)KTV。KTV 是游客夜间娱乐的重要场所之一。对 8 个旅游休闲街区KTV 销量和人均消费情况进行分析,可以发现北海的北海老城历史文化旅游街区的 KTV 销量最高,桂林的阳朔西街 KTV 人均消费最高,而柳州的梦鸣苗寨民族风情街未开设 KTV(图 3.17、图 3.18)。

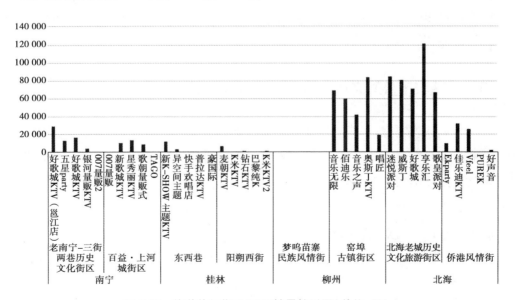

图 3.17　旅游休闲街区 KTV 销量柱形图(单位:元)

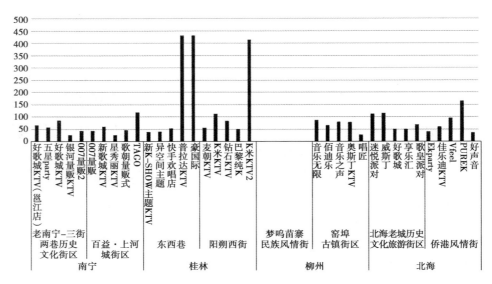

图 3.18 旅游休闲街区 KTV 人均消费柱形图(单位:元)

（3）剧本杀。剧本杀作为近几年新出现的娱乐方式,深受青年人群的喜爱,也是深受该群体青睐的夜间娱乐选择之一。青年人群作为旅游消费人群的主要群体,剧本杀场馆的增多可以推动当地夜间经济的发展。

经调查,8 个旅游休闲街区仅南宁的老南宁三街两巷历史文化街区和桂林的东西巷有剧本杀场馆。

五、广西城市夜间文化和旅游经济活跃度指数结果

根据前述宏观、中观及微观 3 个维度的分析,从夜食、夜购、夜游、夜娱、夜宿和夜读 6 个角度进行横向对比,南宁、桂林、柳州、北海 4 市夜间文化和旅游经济活跃度结果见表 3.8。

先将六大类夜间文化和旅游业态中的各类业态对应的二级指标和三级指标的权重计算出来,公式如下:

$$\alpha_{iH}^2 = \alpha_{i1}^2 + \alpha_{i2}^2 + \cdots + \alpha_{ih}^2 \qquad (3.1)$$

$$q_i^2 = \frac{\alpha_{iH}^2}{\sum\limits_{i=(A,B,C,D,E,F)} \alpha_{iH}^2} \qquad (3.2)$$

表 3.8　广西城市夜间文化和旅游经济活跃度指数结果

项目名	南宁市	桂林市	柳州市	北海市
夜食	85.71	80.24	72.33	61.62
夜购	79.37	76.78	63.45	53.83
夜游	82.65	81.14	76.55	73.27
夜娱	83.52	80.58	73.77	74.36
夜宿	81.72	78.37	61.52	54.39
夜读	73.26	77.35	58.84	46.25

同理得到 q_{iH}^3 和 q_{iH}^1。

$$W_{iH(i=A,B,C,D,E,F)} = \sum q_{iH}^1 \qquad (3.3)$$

根据之前的权重计算式（2.3）可得各城市的夜间文化和旅游经济活跃度结果：

$$HY = \sum_{i=(A,B,C,D,E,F)} W_i \times Q_i$$

结合前面多项指标的分析，得到南宁、桂林、柳州、北海 4 市夜间文化和旅游经济的发展指数结果（表 3.9）。

表 3.9　广西城市夜间文化和旅游经济发展指数结果

城市	桂林	南宁	柳州	北海
指数	48.8	48.2	43.5	39.8

先将六大类夜间文化和旅游业态中的各类业态对应的二级指标和三级指标的权重计算出来，公式如下：

$$\alpha_{iZ}^2 = \alpha_{i1}^2 + \alpha_{i2}^2 + \cdots + \alpha_{iz}^2 \qquad (3.4)$$

$$q_{iZ}^2 = \frac{\alpha_{iZ}^2}{\sum\limits_{i=(A,B,C,D,E,F)} \alpha_{iZ}^2} \qquad (3.5)$$

同理得到 q_{iz}^3 和 q_{iz}^1

$$W_{i(i=A,B,C,D,E,F)} = \sum q_{iZ}^1 \qquad (3.6)$$

根据之前的权重计算公式(2.3)可得各城市的夜间文化和旅游经济发展指数结果:

$$FZ = \sum_{i=(A,B,C,D,E,F)} W_i \times Q_i \qquad (3.7)$$

从南宁、桂林、柳州、北海 4 市夜间文化和旅游经济活跃度指数结果可知,南宁作为广西首府,从整体上看夜间文化和旅游经济活跃度高居榜首、桂林屈居第二、柳州第三、北海第四。但从数据上看,南宁和桂林位居第一梯队,相差不大,而柳州和北海部分夜间消费业态还有一定的差距,不过与南宁和桂林并未拉开距离。从数据上看,广西上述 4 市在夜间文化和旅游消费的布局上基本合理。从空间分布上看,南宁和北海的布局相对集中,主要分布在市区中心;柳州在融水县和三江县进行了民族文化的挖掘,取得了一定的效果;桂林的整体布局相对合理,市区中心和周边县市都进行了开发,呈整体发展态势。

从南宁、桂林、柳州、北海 4 市夜间文化和旅游经济发展指数结果来看,综合了国家政策、地理位置、历史地位、文化底蕴、交通设施、评星等级、游客反馈等多项指标进行分析和计算,得到南宁、桂林、柳州、北海 4 市夜间文化和旅游经济发展排名:桂林第一、南宁第二、柳州第三、北海第四。其中,桂林和南宁相差不大,柳州凭借其较雄厚的 GDP 基础也有较好的发展空间,北海作为沿海开放城市,地理位置优越,是中国典型生态宜居城市,未来发展定能取得令人瞩目的成果。

六、广西城市夜间文化和旅游经济发展中存在的问题

根据实地调查和相关资料分析,得出广西城市夜间文化和旅游经济发展中存在的主要问题(表 3.10)。

表 3.10　广西城市夜间文化和旅游经济发展中存在的问题

城市名	存在的问题
南宁市	南宁市的夜间文化和旅游经济较为活跃,文化和旅游融合度高,品牌种类丰富,数量较多,属于学习的榜样。目前存在的问题如下: 1.南宁市区内邕宁区和武鸣区夜间文化和旅游品牌几乎为零,发展不平衡; 2.南宁市多数周边县夜间文化和旅游氛围不浓,相关基础设施匮乏; 3.南宁市作为广西首府,其夜间文化和旅游消费水平与国内一线省会城市相比,还有一定的差距,说明南宁市的夜间文化和旅游市场还有巨大的提升空间。
柳州市	柳州市的夜间旅游热度提升较快,2020 年全国城市传播热度排名中,柳州位居第 22 位。目前存在的问题如下: 1.市场业态单一。夜生活内容主要以餐饮娱乐为主,夜间开放场所基本是 KTV、影院、麻将馆、茶楼、洗浴场等品类; 2.柳州市的柳南区离市中心较近,自然资源丰富,但目前仅有 1 个夜间文化和旅游品牌上榜,还有更多值得开发和利用的空间; 3.夜间文化和旅游热度高,但夜间文化和旅游消费总收入还有一定的提升空间,美食夜市的数量较多,可以增加相关的特色文化宣传。
桂林市	桂林市是国际知名旅游城市、历史文化名城,旅游消费是其主要经济支柱之一。2020 年全国城市传播热度排名中,桂林位居第 16 位。目前存在的问题如下: 1.部分 AAAA 级以上景区和各级文物保护单位较少开放夜游服务,这在一定程度上限制了旅游、文化价值的发挥; 2.桂林市叠彩区的地理位置优越,却无一夜间文化和旅游品牌上榜,可见该区夜间文化和旅游消费市场还有一定开发空间; 3.现有消费片区布局相对分散,尽可能多挖掘一些有市场、有创意的民族文化娱乐休闲等大型夜间消费项目。

续表

城市名	存在的问题
北海市	北海市是广西滨海旅游城市,近几年的旅游热度非常高。目前存在的问题如下: 1.北海市内的铁山港区是闻名中外的上等珍珠——"南珠"的原产地,也是中国"海上丝绸之路"的始发港之一,文化底蕴深厚,有深挖和开发该区文化和旅游资源的先天优势; 2.北海市内部分景区的夜间营业时间可以适当延后,夜间美食街数量可以适当增加; 3.北海市的夜间民宿整体质量较好,但交通便利性略显不足,可适当增加相关公交线路的数量、运营时间和网红民宿的站点; 4.北海市"海上丝绸之路"的文化宣传还不够深入人心。

4

广西城市夜间文化和
旅游经济发展潜力分析

　　夜间文化和旅游经济是伴随城市经济发展和人民生活水平提高而出现的经济现象,逐渐发展成为体现城市活力的特色名片。作为一种新的经济形态,随本地居民与外地游客带来的巨大流量为城市增添生机,激发城市夜间文化和旅游经济活力,驱动城市经济可持续发展。南宁、柳州、桂林、北海4市是广西城市夜间文化和旅游经济发展的典型代表,集中体现了夜间文化和旅游经济的时间性、休闲性与地域性特征。根据广西城市夜间文化和旅游经济发展指数,可对桂林、南宁、柳州、北海4市进行排名(表4.1)。下面从内在成长潜力、市场扩张潜力以及可持续发展潜力三个方面剖析桂林、南宁、柳州、北海4市夜间文化和旅游经济发展潜力。

表4.1　广西城市夜间文化和旅游经济发展指数

城市	桂林	南宁	柳州	北海
指数	48.8	48.2	43.5	39.8

(数据来源于表3.5)

一、内在成长潜力分析

1.品牌发展分析

　　一是文化和旅游品牌开拓新知名度。文化和旅游品牌是夜间文化和旅游经济发展与市场竞争的关键抓手,能够从根本上激发旅游景点的发展潜力,吸引游客慕名前往。随着游客数量的增多,这种品牌化效应会不断地发挥出来。如表4.2所示,实地调研广西城市代表性集聚区与代表性文化和旅游品牌,其中南宁市依托南宁绢纺厂旧址打造"花样秀带·潮流江南"这一文化和旅游品牌;柳州市以侗族文化为根基打造"坐妹三江、坐客三江、牛战三江"系列文化和旅游IP;桂林市结合"阳朔八景",打造独具特色的"缤纷渔火·不夜州"夜景品牌;北海市以珠海路为核心街区,打造"北海老城"文化和旅游IP吸引八方游客。这些文化和旅游品牌是其夜间经济发展的核心引擎,未来更应充分发挥这些抓手效应,紧跟夜间游客前沿消费热点与亮点,深挖广西少数民族文化特色,充分展现少数民族的文化内涵与文化特质,提升广西城市夜间文化和旅游品牌,拓展广西城市夜间文化和旅游经济的影响力与知名度,使之为广西"十四五"文化和旅游发展注入新动力与新活力,带动广西文化和旅游经济高质量发展。

表 4.2　广西城市代表性集聚区与代表性文化和旅游品牌

城市	代表性集聚区	代表性荣誉	代表性文化和旅游品牌
南宁市	邕江南岸片区	广西十佳夜游景区 广西夜间经济示范区	光影文化·影剧江南 花样秀带·潮流江南 夜游邕江·韵味江南 茶颜夜色·优雅江南 传承文脉·平话江南
柳州市	月也侗寨	广西十佳夜间演艺	坐妹三江 坐客三江 牛战三江
桂林市	阳朔益田西街文化体验街区	广西十佳夜游文化街区	缤纷渔火·不夜州
北海市	北海老城历史文化和旅游区	广西十佳夜游文化街区	北海老城

二是文化和旅游品牌拓展新的效益点。夜间文化和旅游是一种关联度高、涉及面广、辐射能力强和带动性大的综合性旅游形态。只有充分发挥夜间文化和旅游品牌效应,才能有效地扩展和延伸文旅产业链,带动餐饮、交通、住宿、贸易、现代服务等业态快速发展。南宁市百益·上河城在"花样秀带·潮流江南"品牌效应带动下成为文化新地标,2020 年接待游客人数达 152.5 万人次。柳州市月也侗寨的实景演出《坐妹三江》内涵丰富、特色突出,成为当地知名的网红打卡点,2020 年实现营收 938 万元。桂林市阳朔益田西街文化体验街区根植"渔火年俗、渔火新禧、渔火传承、渔火传情"主题,实现年均销售额 2.5 亿元,年均增长率 10%的骄人战绩。北海市立足文化和旅游品牌"北海老城",吸引游客参与"夜食""夜购""夜宿""夜娱""夜游"等五大特色体验。2018—2019 年接待夜间游客约 300 万人次,实现夜间旅游消费约 4 亿元。从上述数据可以看

出,广西城市夜间文化和旅游品牌已初步显现良好的经济效应,品牌辐射广泛且有质有效,未来应继续拓展文化和旅游品牌效应,着力打造参与性、体验性、娱乐性强的夜间项目,不断增强品牌吸引力和竞争力以拓展新的效益点。

2.多元业态发展态势分析

根据广西夜间文化和旅游经济城市活动地域分析,可在一定程度上反映南宁、桂林、柳州、北海 4 市的 6 个夜间文化和旅游业态,即夜食、夜购、夜游、夜娱、夜宿和夜读情况(图 4.1)。在夜食热度中,南宁市和桂林市并列第一,柳州市第二,北海市第三;在夜购热度中,南宁市第一,柳州市和桂林市并列第二,北海市第三;在夜游热度中,南宁市、北海市并列第一,柳州市、桂林市并列第二;在夜娱热度中,南宁市第一,桂林市、北海市和柳州市并列第二;在夜宿热度中,南宁市、桂林市并列第一,北海市第二,柳州市第三;在夜读热度中,北海市第一,桂林市第二,南宁市、柳州市并列第三。综合来看,南宁市、桂林市、柳州市和北海市夜间文化和旅游业态已初具规模,体现出业态体验度高、吸引力强的特点。

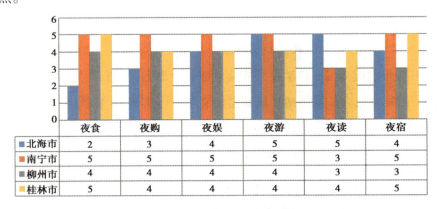

	夜食	夜购	夜娱	夜游	夜读	夜宿
北海市	2	3	4	5	5	4
南宁市	5	5	5	5	3	5
柳州市	4	4	4	4	3	3
桂林市	5	4	4	4	4	5

图 4.1　广西城市夜间文化和旅游业态重点分布情况(单位:个)

一是业态体验度高。夜间文化和旅游经济是一个将文化与经济融合创新、不断满足消费者精神需求的过程。南宁市邕江南岸夜间文化和旅游消费集聚区为游客提供特色化的街区游、亲水游、休闲游、文化游等精品夜游,以及灯光秀、音乐秀、文化秀等精品夜间演出。桂林市阳朔益田西街文化体验街区将"传统文化"与"潮流文化"相结合,打造杨庆和银饰、木童语木根雕艺术馆等传统品牌,开设金顺昌桂花糕、捶糖帮壮乡手工酥糖、涌秀堂文创集合店,配备中影益田国际影城、猫的天空之城概念书店、健身房、亲子乐园等休闲娱乐场所。柳州市月也侗寨开展"天天演、周周宴、月月节"活动,打造侗族"百家同盛宴、千户赛芦笙、万人观竞技"的文化和旅游 IP。北海市侨港风情街依托侨港特色文化符号,打造滨海美食街、海洋风情涂鸦街、侨港时光文史馆,举办"侨港开海节""端午文化节""美食节"三大主题文化和旅游节,展现北海独特的疍家文化和民俗风情,使游客充分感受到疍家文化的丰富内涵和独特魅力。

二是业态吸引力强。夜间新业态作为城市夜间文化和旅游消费的核心吸引点,已然成为夜间文化和旅游经济的内核与精髓。南宁市"老南宁·三街两巷"历史文化街区以原有文保单位、历史建筑打造公益主题文化项目,以南宁乃至全广西的非遗资源、南宁本土历史文化资源等开发文化创意项目,为满足大众休闲消费的餐饮、零售、娱乐需求自然形成城市休闲商业。柳州市梦鸣苗寨民族文化体验园打造苗家同年宴、行歌坐妹、打同年、苗年节、芦笙舞、闹鱼、烧鱼、斗鸡等苗族文化体验项目。桂林市东西巷历史文化街区打造中华老字号品牌、非物质文化遗产等原创文化体验项目以及酒吧驻唱、特色夜市、酒店客栈等夜间休闲娱乐项目。北海市老城历史文化和旅游区以龙桥双水井、街渡口、丸一药房旧址等市县级文物保护单位打造夜间建筑景观,以咖啡餐饮、特色民宿、休闲清吧、1519 酒吧等场所打造夜间休闲娱乐项目,以"百年老街、百米 T 台、百名佳丽"等舞台打造夜间节庆演艺项目。

二、市场扩张潜力分析

1.供给侧结构性改革推动市场发展

一是供给侧结构性改革创造新需求。南宁、桂林、柳州、北海 4 市夜间文化和旅游消费代表性集聚区商户数量庞大,其中南宁市邕江南岸片区共有商户307 家,营业面积达 7.40 万平方米,柳州市窑埠古镇共有商户 600 家,营业面积达 1.74 万平方米（表 4.3）。这些商户都是创造夜间文化和旅游消费新需求的直接供给者。南宁市三街两巷拥有以荔园饼家、万国酒家、双钱龟苓膏等为代表的老字号餐饮名店，以星巴克、肯德基、谭鸭血、霸王茶姬等为代表的知名连锁餐饮店。桂林市东西巷历史文化街区拥有以金顺昌、老桂花铺、桂林三宝、一家特产、盛世糖朝等为代表的伴手礼品牌店，以明桂米粉、厚博坊、讲古堂、国粹剪纸、指间義塑为代表的非物质文化遗产品牌店。这些品牌店引领夜间消费新潮流、新趋势、新热点，不断创新产品与服务供给，将进一步提升消费者的需求层次与方向，激发与释放"夜食""夜购""夜宿""夜娱""夜游""夜读"消费潜力，推动夜间文化和旅游经济更快更好发展。

表 4.3　广西城市夜间文化和旅游消费代表性集聚区商户与营业面积

城市	代表性集聚区	商户数（家）	营业面积（万平方米）
南宁市	邕江南岸片区	307	7.40
	老南宁·三街两巷	170	—
柳州市	月也侗寨	45	2.05
	窑埠古镇	600	1.74
桂林市	阳朔益田西街文化体验街区	280	2.30
	东西巷历史文化街区	245	—
北海市	侨港风情街	400	—
	老城历史文化和旅游区	427	—

二是供给侧结构性改革创造新品质。2014 年至今，南宁市 AAAA 级以上景区由 17 个增至 35 个，桂林市 AAAA 级以上景区由 32 个至 42 个，柳州市 AAAA 级以上景区由 19 个增至 35 个，北海市 AAAA 级以上景区由 6 个增至 10 个（图4.2）。这表明在需求规模快速增长与旅游需求多元化并存阶段，广西城市 AAAA 级以上景区数量持续增长。在推进旅游供给侧结构性改革时，应优化存量即现有存量景区转型升级以创新景区新品质。未来应依托景区特色餐饮街、美食街、品牌餐饮店等餐饮集中区域，建设餐饮集聚型夜间经济示范街区。依

据景区自然景观与人文景观,推出游船、美食、音乐、露营、灯光等夜间主题精品节目,开发夜间旅游消费打卡地。开发常态化、亲民化、特色化夜间旅游体验活动,丰富主题公园夜游、博物馆夜游等多元化都市夜游项目。引入深夜购物、市民庆祝活动、公园之夜、嘉年华等各种形式的时尚消费活动。

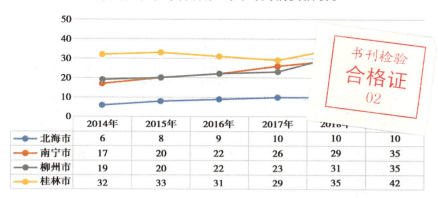

	2014年	2015年	2016年	2017年	2018年	
北海市	6	8	9	10	10	10
南宁市	17	20	22	26	29	35
柳州市	19	20	22	23	31	35
桂林市	32	33	31	29	35	42

图 4.2　广西城市 AAAA 级以上景区数量变化趋势示意图(单位:个)

2.内生需求创造发展态势

一是内生需求创造新规模。2014—2019 年,南宁市国内旅游消费规模由598.73 亿元增至 1 699.02 亿元,柳州市国内旅游消费规模由229.09亿元增至814.75 亿元,桂林市国内旅游消费规模由 373.77 亿元增至1 731.75亿元,北海市国内旅游消费规模由 173.11 亿元增至 694.63 亿元(图 4.3)。可见,进入大众旅游需求阶段,广西城市国内旅游消费规模持续增长。夜间文化和旅游经济作为重要组成部分,未来更应把握旅游消费增长规模,精准对接本地居民及外地游客的个性化、阶层化、特色化消费需求。南宁市邕江南岸片区顺应市民消费心理和市场需求变化,发展"夜演""夜展""夜读""夜娱""夜秀""夜游""夜食""夜购""夜宿"等多元化消费业态,推出沉浸式演艺、非遗互动项目和文创产品、3D 灯光秀、街头艺术表演等常态化、品质化、特色化的夜间文化和旅游消费体验产品。2019 年文化类商户年营业收入达 12 635.1 万元,2020 年文化类商户年营业收入达 15 166.04 万元。

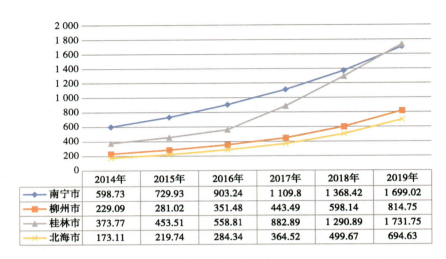

	2014年	2015年	2016年	2017年	2018年	2019年
南宁市	598.73	729.93	903.24	1 109.8	1 368.42	1 699.02
柳州市	229.09	281.02	351.48	443.49	598.14	814.75
桂林市	373.77	453.51	558.81	882.89	1 290.89	1 731.75
北海市	173.11	219.74	284.34	364.52	499.67	694.63

图 4.3　广西城市夜间文化和旅游经济消费发展态势示意图（单位:亿元）

　　二是内生需求创造新机遇。2014—2019 年,南宁市接待国内旅游人数由 6 905.19万人次增至 15 209.74 万人次,柳州市接待国内旅游人数由 2 605.43 万人次增至 6 976.65 万人次,桂林市接待国内旅游人数由 3 737.84万人次增至 13 519.07万人次、北海市接待国内旅游人数由 1 770.67 万人次增至 5 278.85 万人次(图 4.4)。这些数据表明广西城市旅游内生需求日渐旺盛,为各市夜间文化和旅游消费创造了新机遇。未来各市应把握本地居民和外地游客的夜间文化和旅游内生需求,鼓励健身房、球馆、游泳馆、室内卡丁车馆、滑冰场等运动场馆延长夜间开放时间。加快社区和公园公共健身设施、体育场馆建设,支持开展夜跑、夜骑等潮流运动。鼓励建设 24 小时实体书店、24 小时自助图书馆,满足本地居民及外地游客的多样化需求。开展文化沙龙、读书分享会、作品发布、创业交流互动、电台线下衍生节目等文化交流活动,丰富夜间文化和旅游消费。

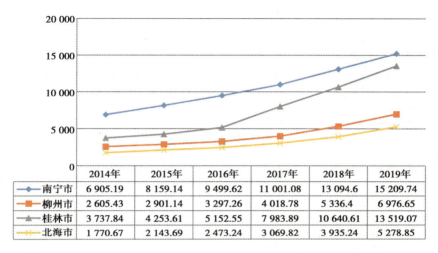

	2014年	2015年	2016年	2017年	2018年	2019年
南宁市	6 905.19	8 159.14	9 499.62	11 001.08	13 094.6	15 209.74
柳州市	2 605.43	2 901.14	3 297.26	4 018.78	5 336.4	6 976.65
桂林市	3 737.84	4 253.61	5 152.55	7 983.89	10 640.61	13 519.07
北海市	1 770.67	2 143.69	2 473.24	3 069.82	3 935.24	5 278.85

图4.4 广西城市夜间文化和旅游经济消费人次情况（单位：万人次）

三、可持续发展潜力分析

1.政策持续激励产生发展动力

一是专项政策提供新机制。《关于加快发展广西夜间经济的指导意见》指出，建立夜间经济发展部门联席会议制度，由广西壮族自治区商务厅牵头，各有关部门和各市人民政府相关负责人参加，统筹指导夜间经济发展。各市也要建立市级夜间经济发展联席会议制度，明确夜间经济推进机构，统一规划建设、统一业态布局、统一协调管理。这表明自治区政府已为广西城市夜间文化和旅游发展构建好新机制，为其提供必要的宏观指导和多层次的环境支持。专项政策与其他产业政策一样，是一种规范性政策，具有引导夜间文化和旅游经济发展趋于合理化、动态化、质量化的作用。广西城市夜间文化和旅游经济专项政策具有极强的针对性，能够有效地影响广西夜间经济的运行，并促进其健康可持续发展，因而具有长期的稳定性和连续性。未来应与其他产业政策协调配合，激发广西城市夜间文化和旅游经济发展活力，实现广西既定的夜间经济发展目标（表4.4）。

表 4.4　广西城市夜间文化和旅游经济专项政策

城市	专项政策
南宁市	《南宁市人民政府关于印发南宁市支持重大文化和旅游项目办法的通知》 《〈南宁市加快文化和旅游产业高质量发展实施方案〉的通知》 《南宁市江南区旅游发展专项资金管理办法》 《南宁市江南区关于落实强首府战略促进产业集聚发展扶持奖励暂行办法》 《南宁市支持重大文化和旅游项目办法》 《南宁市关于加快发展夜间经济的实施意见》 《南宁市关于支持文化产业高质量发展的若干措施》 《南宁市兴宁区支持商贸服务业高质量发展扶持办法》
柳州市	《关于加快柳州市文化旅游产业高质量发展的若干措施》 《柳州市建设文化旅游名城奖励办法》 《柳州市加快发展夜间经济的实施意见》 《柳州市促进文化产业发展若干政策措施》 《旅游经营服务不良信息管理办法（试行）》
桂林市	《桂林国际旅游胜地建设发展规划纲要》 《桂林市加快文化和旅游产业发展三年行动方案》 《桂林市关于加强疫情防控促进文化和旅游业振兴发展的若干奖励措施》
北海市	《北海市老城保护区商业业态规范管理暂行规定的通知》 《北海市珠海路旅游步行街管理暂行规定》 《北海市历史文化名城保护管理规定的通知》 《北海市本级文化发展专项资金管理暂行办法》 《关于支持北海文化产业高质量发展的若干措施》 《北海市促进文化产业发展若干政策措施的通知》 《关于进一步促进非国有博物馆发展的实施意见》 《关于推进博物馆城市建设的指导意见》

　　二是专项政策提供新保障。《关于加快发展夜间经济的实施意见》指出,统筹安排广西有关专项资金扶持夜间经济发展,市级财政视情况配套安排一定规模的扶持资金,重点支持建设夜间经济示范街区和有一定规模的、能起示范带

动作用的夜间经济市场主体项目,支持夜间经济市场主体品牌建设,依法落实税收优惠政策。这表明自治区政府已为广西城市夜间文化和旅游发展构建好新的保障体系,即为其未来发展提供资金扶持与税收优惠。同时,专项政策在广西城市夜间文化和旅游经济中发挥政策引领作用。在遵循各地经济基础、资源特色和主体需求等市场规律的基础上,重点打造夜间经济消费集聚区,推动形成统一开放、竞争有序的夜间经济格局。建议在广西城市夜间文化和旅游经济的未来发展中,自治区政府可以更加重视市场定位、监督指导、行业管理等全局性措施,逐渐形成系统的夜间经济统筹规划体系。

2.基础设施改造升级

一是基础设施创新了便捷服务。基础设施是夜间文化和旅游潜力发挥的重要支撑,有利于推动夜间经济高质高效发展。广西城市夜间文化和旅游基础设施建设已初见成效,包括商业便利性、交通便利性、公共设施便利性、夜间照明。城市旅游集散中心、游客服务中心、咨询中心等公共服务功能的有序发挥,旅游景区、度假区、休闲街区、游客服务中心等标识体系建设的整体推进,节假日高速公路和主要旅游道路交通、运输服务保障、旅游目的地拥堵预警信息化水平的有效提升,都为引导本地居民与外地游客开展夜间文化和旅游消费提供了便捷服务。未来应将夜间文化和旅游服务与基础设施融合并进,构建夜间文化和旅游基础设施服务体系,鼓励夜间经济街区和商家积极应用5G网络、人工智能、物联网、大数据、区块链等技术手段,促进夜间公共服务与旅游服务一体化,形成多样化夜间经济服务支撑。

二是基础设施创造新空间。随着广西城市夜间文化和旅游经济规模持续增长,"夜食""夜购""夜宿""夜娱""夜游""夜读"六大消费业态愈见丰富,吸引了大量本地居民及外地游客驻足街区、景区、古镇等消费区体验文化和旅游产品与服务。但夜间文化和旅游经济发展越繁荣,城市旅游空间问题就越不容忽视。2014—2019年广西城市人均公园绿地面积与人均城市道路面积平稳增长,说明城市基础设施建设为夜间文化和旅游经济发展奠定了一定基础,也为本地居民及外地游客带去旅游空间的舒适度与愉悦性(图4.5、图4.6)。在未来发展阶段,政府对道路、电力、网络等基础设施建设的投入应有序递增,对文化、娱乐、休闲等配套基础设施的供给应逐步增长,以提升基础设施创造夜间文化和旅游经济新空间的能力,进而为消费者创造良好的夜间消费环境。

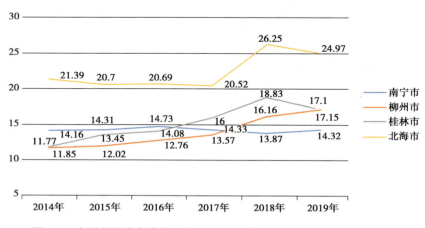

图 4.5 广西主要城市休闲绿地面积发展情况示意图(单位:万平方米)

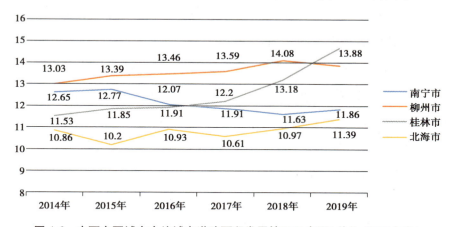

图 4.6 广西主要城市人均城市道路面积发展情况示意图(单位:万平方米)

5

基于活力指数的广西城市夜间文化和

旅游经济发展规划思路

一、明确发展目标

广西既是华南通向西南的枢纽,又是沿海、沿江、沿边的省份;既有适应亚热带植物生长的气候条件,又有丰富的矿产资源;既有便捷的水、陆、空交通,又有连接世界各地的通信网络;既是少数民族地区,又是全国重要侨乡。独特的区位优势,使广西成为全国唯一的具有沿海、沿江、沿边优势的少数民族自治区。这些独特的区位优势和资源优势,为广西发展夜间文化和旅游经济提供了坚实的物质基础和扎实的市场保障。广西未来20年将凭借自身的区位优势大力发展夜间文化和旅游经济,首先必须增强自身的经济实力,以自身经济实力的提升带动夜间文化和旅游经济的繁荣兴盛。自治区党委、政府提出和实施的南向、东融、西合、北联"四向战略",即南向发展、东部与粤港澳融合、与西部省份合作、向北联合,将为夜间文化和旅游经济的发展筑牢人流、物流、商流、信息流等要素的根基。

广西城市夜间文化和旅游经济发展的总体目标:在自治区党委、政府的正确领导下,在建设新时代中国特色社会主义壮美广西的总体目标和建设文化与旅游强区、打造世界级旅游目的地的发展目标指引下,进一步丰富夜间文化和旅游经济业态,完善夜间文化和旅游经济设施,提升夜间文化和旅游经济管理和服务水平,提高夜间文化和旅游经济效益,推动广西城市夜间文化和旅游经济健康有序、高质量发展,为加快广西文化和旅游强区建设、促进广西文化和旅游融入国际旅游市场和增强国际旅游竞争力做出积极的贡献。

(一)品质目标

全力提升城乡文化格调和休闲品质,建设一批功能突出、产业完善、环境和谐、城乡互联互通,能同时满足本地居民和游客消费需求的旅游休闲城市和街区。大力开发城市夜间文化和旅游经济消费产品,推进景城一体化建设。加强文化遗产的保护、传承和利用,延续历史文脉,弘扬时代价值,丰富文化和旅游业态,打造城市文化和旅游名片,建设一批文化特色鲜明的夜间文化和旅游经济文化街区。增强交通基础设施的便利性和城市夜间景观文化的观赏性、体验性、多样性,完善公共服务设施,提升夜间文化和旅游经济品质,推出一批主题鲜明、景观特色突出的夜间文化和旅游经济品牌。

(二)量化目标

到 2025 年,广西创建约 15 个国家级夜间文化和旅游消费集聚区、30 个省级夜间文化和旅游消费集聚区,建设 50 个以景区景点、文博场馆、特色小镇、商业街区等为依托的各具特色的夜间文化和旅游消费集聚区,打造 80 个夜间文化和旅游消费核心品牌,推动夜间文化和旅游消费规模持续扩大,使广西城市夜间文化和旅游经济发展走在全国前列,形成与高质量发展、高品质生活相匹配的夜间文化和旅游消费新体系。

二、规划夜间文化和旅游经济发展新思路

要立足新发展阶段,贯彻新发展理念,构建新发展格局,切实落实习近平总书记对广西"三大定位""五个扎实""四个新"总要求的指示精神和广西壮族自治区第十二次党代会精神,按照"统筹规划,分类施策、分步推进"的总体思路,推进广西城市夜间文化和旅游经济高质量发展。

(一)以服务本地经济为导向,做好顶层设计

高标准做好夜间文化和旅游经济发展的顶层设计。夜间文化和旅游经济发展应服从并服务于地方经济社会发展战略、城市建设发展规划和社会文明风尚培育要求。除经济效益外,更需立足本地特色,关注民生和社会效益。具体而言,结合地方文化传统、旅游特色和商业优势,立项扶持夜间经济特色项目;创建本地夜间经济的特色品牌,赋予特定的文化内涵,并融入城市整体规划建设。例如,根据桂林、北海对外吸引力强的特点(外地游客约占游客总量的2/3),可以积极拓展业务空间,举办全国性的旅游展览会或与文化和旅游相关

的博览会、旅游节庆、赛事等,扩大经济发展空间;在空间上有序布局特色餐饮、小商品、生活便利服务等项目,探索集中设立步行街、美食街、特色街、剧场影院、文博非遗场馆、健身馆等城市规划模式,满足本地居民和外来游客的不同需要。

(二)突出城市差异化发展,实施分类实施

依据不同城市所承担的不同功能,在发展夜间文化和旅游经济时必须有所侧重,重点突出各自的发展方向。以目前夜间文化和旅游经济发展相对较好的南宁、桂林、柳州、北海4市为重点,带动广西各地夜间文化和旅游经济蓬勃发展。

1.南宁要充分利用首府优势,成为广西城市夜间文化和旅游经济发展典型

南宁是一座充满未来感的现代化城市,摩天大楼数量位居全国前10名。从城市环境看,三面环山,邕江蜿蜒,山清水秀,风景宜人,非常宜居。国家对南宁的定位是在商贸、城建、经济、高教、文化、科技、政治、交通8个方面具有比较优势,目前,只有城建完成度比较高,其他方面都略显不足。南宁所处的地理位置和首府功能,注定其成为国家发展战略中不可或缺的一环。为此,南宁必须具有强大的政策执行力、灵活的经济发展措施,对内积极推动商贸、高教、文化、科技水平的升级,为夜间文化和旅游经济发展提供关键支撑,对外积极拓展东南亚空间,搭建交流合作的平台,为将来亚洲经济一体化铺路,为繁荣夜间文化和旅游经济提供强大的外部资源。为此,南宁应强化广西首府经济文化交流中心功能,发挥国家文化和旅游消费试点城市作用,成为广西城市夜间文化和旅游经济发展的典型。

2.桂林要抓住世界级旅游城市建设契机,打造高品质夜间文化和旅游经济品牌

桂林夜间文化和旅游经济的发展要紧紧抓住世界级旅游城市建设契机,打造高品质夜间文化和旅游经济品牌。

一是优化产品类型,深化发展,多层多元。将桂林夜间文化和旅游经济产

品类型向多元化、深度化发展,是提高桂林夜间文化和旅游经济产业竞争力和吸引力的必然之选。这就要求桂林在优化观光型旅游产品的同时,还应开发完善休闲度假型、商务会议型、红色文化型、健康生态型旅游产品,以满足不同层次、不同类别游客的消费需求。

二是依托历史文化,挖掘内涵,融情于景。桂林作为风景旅游城市和历史文化名城,在风景观光旅游上充分发挥了优势,但是对历史文化方面的关注则显不足,导致桂林历史文化名城的美誉未能与桂林山水的"甲天下"相得益彰。以甑皮岩遗址为代表的史前人类文化、以灵渠为代表的古代军事水利文化等,都未能成为桂林旅游的主要吸"金"点。只有赋予自然景观丰富的人文内涵和文化底蕴,才能使游客产生感观和精神的共鸣,才能提高文化和旅游产品的吸引力,才能让游客流连忘返,乐不思蜀。

三是提高服务质量,加强管理,完善设施。要提升桂林夜间文化和旅游经济的质量,首先要提高服务质量。文化和旅游企业管理不善,服务水平欠佳,景区配套设施不全等因素都会影响桂林夜间文化和旅游经济的发展。为了创造舒适、安全、人性化的夜间文化和旅游经济环境,政府及相关管理部门应下决心狠抓"野马"招徕、不法经营等不正之风,加强对夜间文化和旅游经济从业人员的职业道德教育,出台有效的管理措施,实现对桂林夜间文化和旅游经济的依法治理。同时要完善基础设施和旅游服务配套设施,为夜间文化和旅游经济发展提供服务和安全设施保障。

四是重视旅游产品开发,独特创新,彰显特色。打造世界级旅游城市,打造高品质夜间文化和旅游经济品牌,必须加大桂林旅游产品品牌建设,让桂林旅游产品在国内乃至国外市场上打响知名度。一要结合桂林文化背景及山水特色设计加工出一批具有桂林地方特色的旅游工艺品;二要增加旅游产品的科技含量,提高工艺品、纪念品和土特产等旅游产品的使用性能;三要在保留传统精华的同时实现文化和旅游产品的突破与创新,包括产品品质创新和产品包装宣传的创新,使旅游产品为桂林市夜间文化和旅游经济发展提供有力的产业支撑。

3.柳州要利用工业产业优势,建设广西工业文化和旅游不夜城

柳州作为广西的工业重镇,工业是柳州市的最大优势。柳州在汽车、冶金、化学、医药、电器、烟草、纺织、新材料、新能源、工程机械、装备制造等领域都有很强的实力和产业聚集,这些都为柳州发展夜间文化和旅游经济提供了强力的产业支撑。柳州的人文旅游资源也较为丰富,如南方古人类"柳江人"文化遗址白莲洞,在考古界中地位很高,国家有关部门和柳州市将其开发建成了我国第一座集旅游、科普于一体的洞穴科学博物馆,开展研学旅行的潜力巨大。为此,柳州要利用工业产业优势,建设广西工业文旅不夜城。

一是将夜间文化和旅游经济融入全市经济社会发展大局,以建设"旅游名城"为目标,打造市区旅游为中心,建设百里柳江为核心,"风情柳州"为主题,资源整合为主线,项目开发为重点,区域合作为基础,推进旅游业发展,实现柳州旅游的融合发展和跨越发展,通过"旅游升级"促进柳州"经济升级",通过"旅游名城"建设促进柳州"城市转型",打造宜居宜旅城市,走"工业+旅游"特色的柳州发展之路。

二是树立"大旅游"的经济理念,把文化和旅游融入经济和社会发展的综合体系中,全面整合各种旅游资源,走柳州特色的产业化发展之路,加强各部门间合作,强化夜间文化和旅游经济服务设施承载力,增强文化娱乐和商务会展功能,打造交通旅游业体系、休闲度假旅游业体系,提升城市品位和形象,形成较强的游客吸引力和市场辐射力,构建"大旅游、大文化、大产业、大发展"格局。

三是加大政府对夜间文化和旅游经济的投入和整合。柳州市旅游管理部门要加强整体策划,实施区域合作,加大入境客源市场的开拓。具体来说,要加强与桂林的区域合作,在桂林、柳州之间形成"两廊一圈"的黄金旅游圈,深化柳州—桂林旅游一体化,联合开发旅游产品及在重点客源市场开展促销活动,促进两市旅游业共同发展。

四是建立主要旅游代理商营销激励机制,扩大东盟市场、欧美及港澳台等客源市场。坚持航线市场培育与旅游客源开拓相结合,不断创新营销方式,巩

固拓展市场。还要加强旅游的软、硬件建设,如开辟新航线、培育星级酒店、开发旅游产品等。引进、培养一批旅游人才,打造一批优秀的旅游企业。将"柳州风情港"、人工瀑布、观瀑广场、旅游码头及步行街等城市旅游景观、场所和设施整体升级,为夜间文化和旅游经济发展提供优良的环境。

4.北海市要利用海洋资源优势,大力发展滨海休闲夜间文化和旅游经济

北海是广西沿海城市,旅游开发已有一定的基础,是广西全域旅游示范市。市委、市政府应加快建设国际化现代滨海旅游名城,打造千亿元文化和旅游产业集群,把北海建设成为驰名中外的旅游度假胜地。为此,北海市要利用海洋资源优势,抓住国家建设海上丝绸之路的契机,大力发展滨海休闲夜间文化和旅游经济,为建设国家级夜间文化和旅游消费城市奠定坚实基础。

一是依托滨海资源,开发特色夜游产品。北海市要依托滨海资源,围绕"吃住行游购娱"六要素,建设高品质的旅游景区景点,开发有特色有卖点的文化和旅游产品,让游客在北海玩得好、留得住、带得走。实施国家级文化和旅游品牌创建工程,完成银滩提升改造,科学开发涠洲岛,推动银滩、涠洲岛创建国家级旅游度假区,力争到2025年建成独具滨海休闲特色的夜间文化和旅游经济消费城市。

二是挖掘历史文化,打响"丝路古港"品牌。2017年5月,习近平总书记亲自命名、宣布北海为丝绸之路上的古港。要切实发挥"丝路古港"的活化石作用,不断挖掘"丝路古港"的新时代内涵,开展丝绸之路"古港古城"文化和旅游对话,举办系列主题论坛,演绎古港文化,弘扬丝路精神,促进民心相通,讲好共建"一带一路"的北海故事,开发"丝路古港"系列文化和旅游夜游产品。

三是整合资金、政策和资源等要素,深化文化和旅游产业供给侧结构性改革。要完善夜间经济扶持发展机制,设立夜间文化和旅游经济发展基金,从而促进夜间文化和旅游经济发展,构建北海夜间文化和旅游经济高质量发展机制。在发展方式上,坚持以项目为中心,发挥海丝文化和海洋旅游资源优势,多措并举推进招商引资工作。借助北海市作为首批"中国避寒宜居地",大力推动夜间经济文化和旅游品牌创建,重点打造北海老城历史文化和旅游区、侨港风情街等夜游文化街区和美食夜市。

四是依托产业,推动文化和旅游产业融合发展。大力发展"旅游+"新业态、新产业,促进旅游与文化、康养、农业、体育等融合发展,打造特色现代文化和旅游产业体系。发展"旅游+文化",开发舞台剧、影视作品、旅游演艺、文化体验项目,创作既有艺术性又能保证上座率的演艺精品,丰富提升《印象·1876》历史文化景区,重新包装运营星岛湖宋代文化体验和影视体验基地,倾力打造北海文化和旅游演艺之城。

(三)有序培育夜间经济市场,分步推进

夜间经济集合了"夜食""夜购""夜游""夜娱""夜宿""夜读""夜健"等多种消费业态,全景体现了一个城市开放、活跃、经济发展的程度。发掘一个城市的活力、人气,促进相关企业和政府不断激活发展要素,实现经济的可持续发展,分阶段培育夜间经济非常重要。可按夜间经济发展成熟度划分三个阶段,即培育期、发展期和稳定期,分别适用不同的激励政策,如税收、融资政策方面的扶持。在培育期和发展期,加大政府对夜间经济发展的支持力度,尤其对繁荣夜间经济的重点项目、打造城市文化名片的专项项目及其相关措施给予财政资金支持和税收优惠;给予部分经营困难户适当的补贴、提供车辆租赁等便利。一旦进入夜间经济稳定期,政策倾斜力度应逐渐回撤并过渡到正常状态。

三、优化夜间经济布局,凸显地方特色

1.布局夜间消费集聚区,丰富夜间经济业态

推动以南宁、柳州、桂林、北海4市为重点,14个地市协同联动,开展以美食、文创、文娱休闲、旅游为主题的夜集市,聚焦美食、购物、文创、文体、文娱和旅游多个板块,自主选择、自行打造具有地方特色的主题活动日,营造具有"广西味""特色明""时尚范"的"夜广西"新形象,推动本地夜间消费商圈与各类消费者的夜间联动,满足消费者的不同需求。

2.打造广西夜主题城市名片,凸显地方独特性

鼓励各市积极探索,结合本地特色,以重点消费城市为参照对象,打造自身

特色鲜明的广西夜主题城市名片，建立"夜广西"消费地标，为区内外广大消费者提供高品质的夜间消费。围绕"夜购""夜游""夜赏""夜港""夜食""夜品""夜娱"等主题开展多元化夜间消费活动。一些市结合地方风貌、人文特色，依托书院、社戏、剧院等场所，引进著名文化社团，策划组织一批具有浓郁地方特色的阅读活动、曲艺、杂技、歌剧、音乐、体育等系列品牌文化活动，丰富剧场夜间文化演艺活动品类。

打造"夜游"城市名片。南宁方特东盟神画、桂林山水实景剧场《印象·刘三姐》和大型歌舞秀《桂林千古情》、柳州实景演出《坐妹·三江》和侗乡风情演艺《侗听三江》、崇左风情音舞剧《骆越天传》和壮族神话剧《花山》等旅游演艺项目，在广西各地形成了常态化、精品化、大众化的夜间演出。

推出广西夜间消费地图，激发夜间经济品牌生成力。联动广西14个设区的市，以南宁、桂林、柳州、北海4市为重点，发布广西壮族自治区内40个重点商圈、20条热门美食街、步行街、100个网红打卡玩乐点的夜间消费地图。各设区的市以大数据等信息技术为依托，围绕美食、购物、文娱和旅游四大主题，推出本地夜间消费地图，让消费者通过各市夜间消费地图，轻松获取夜间消费场所有关信息，促进各市夜间消费集聚区的形成，挖掘内需潜力。夜间消费地图涵盖当地热门商圈，充分体现商业综合体、特色街区、品牌连锁便利店、人气餐饮门店、网红建筑、夜间景点、精品旅游路线等多个元素。

四、有序推进重点区域夜间文化和旅游经济发展

1.严格执行标准，培育和发展文化和旅游消费街区

自治区层面已制订出台广西休闲街区创建标准，下一步国家也将出台休闲街区创建标准，要鼓励各地市、县按照标准开展文化和旅游休闲消费街区的培育和建设工作，有序引导各地建设一批文化特色鲜明、环境优美、业态完善、主客共享、管理规范的文化和旅游消费街区。优先推动南宁三街两巷、柳州窑埠古镇、桂林东西巷、梧州骑楼城、北海老街、防城港那良古街、钦州老街、贵港骑楼街、玉林民国小镇、百色骑楼街、贺州河东街区、河池达吽小镇、来宾土司衙

署、崇左太平古城等打造典型旅游休闲街区。

2.突出地方特色，实现夜间文化和旅游经济高质量发展

突出文化和旅游特色，要立足地方历史文化传统，充分运用现代科技手段展示城市旅游休闲街区的历史文化风貌；要挖掘文化特色，融入休闲体验环节，提供非遗展示及体验活动。街区内要有鲜明的标志性景观以及多样化的旅游景点，包括历史建筑、名人故居、博物馆、文化馆、实体书店及图书馆（分馆）、小剧场等文化景观景点；有地方特色的节事活动；有地方特色餐饮文化展示体验；有多样化街头艺术展示，等等。

增进休闲消费街区旅游业态种类丰富度，有特色文化主题业态且经营良好，促进创意性和艺术性的消费业态发展。积极引进国内文化和旅游休闲消费类连锁品牌，培育网红打卡点（店、景）。旅游休闲夜间经济发展良好，注重沉浸式场景塑造，可以按需提供高中低档消费，街区内采用声、光、电等技术烘托夜间旅游休闲氛围。

3.完善基础服务设施，为夜间经济的发展提供保障

完善交通基础设施和标识系统。街区周边交通便利，有公交路线直达，宜有轨道交通、共享自行车等多层次出行渠道。街区周边应有一定规模的停车场地，有不少于2个主要出入口。街区内标识系统完善，导览标牌醒目且位置合理，设计有特色，与景观相协调，制作、维护良好。全景导览图、导览牌或小型区域导览图、景点铭牌标识和景物解说牌、街区内店铺等标识系统规范。推动建设旅游休闲街区数据平台，融入"一键游广西"大数据平台管理体系。

探索大数据挖掘运用，提高数据获取效率与质量，加强数据交换与共享。强化旅游休闲街区文化和旅游数据资源的综合利用，与壮美广西·文旅云、文化和旅游数据资源池、智慧服务平台、智慧营销平台、智慧监管平台等"一云一池三平台"服务框架的有效链接。街区应有独立域名的网站、微信公众号或App等智慧街区体系，且内容齐全丰富、更新及时，可进行电子商务，并有专属的网络营销系统。

第六章

6

基于活力指数的广西城市夜间文化和
旅游经济发展政策建议

国内外发展夜间经济的共性在于鼓励发展与有效管理相结合，以挖掘城市精神文化内核为着力点，满足本地居民与外地游客精神文化层面的需求，通过促进安全、包容和尊重来平衡游客的涌入和居民的需求。本报告特提出以下政策建议。

一、创新发展理念，开展夜间文化和旅游经济城市普查

2022 年中央经济工作会议提出"必须看到我国经济发展面临需求收缩、供给冲击、预期转弱三重压力"，但"我国经济韧性强，长期向好的基本面不会变"。在新发展阶段，必须充分认识到推动城市夜间文化和旅游经济的发展，对提升城市品质和发展潜力，刺激消费，促进文化和旅游供给侧结构性改革有着巨大的经济价值和重要的社会意义，要不断创新发展理念，推动夜间文化和旅游经济高质量发展。建议结合本研究的广西城市夜间文化和旅游经济活力指数成果，进一步深化制订符合广西特色的城市夜间文化和旅游经济活力评测体系，对广西 14 个地级市的城市夜间文化和旅游经济进行全面普查，加快挖掘各地级市地域文化基因和人文特色资源，结合当地生产、生活、生态特色创新创意，开发具有差异化的文化和旅游产品，不断满足大众夜间消费的市场需求，实现"内循环、新文旅、长活力"的新动能模式。

二、做好顶层设计，编制夜间文化和旅游经济发展规划

夜间经济发展是一项系统性工程，需精心谋划，全方位推进。北京、上海、南京、杭州等地都十分注重顶层设计，政府部门需把握好引导方向，从自治区层面制订广西夜间文化和旅游经济发展规划，各地级市结合夜间文化和旅游发展需要，结合各市的发展条件和文化特性，按照时间序列和空间布局，对区位、产业、公共服务和配套设施等进行综合评估，系统、科学地规划城市功能区，因地制宜地编制夜间文化和旅游经济实施方案。加大城市精细化管理程度，确保各

项政策实事求是,尊重市场规律、尊重群众选择,同时创造良好的条件和环境,在氛围营造和公共设施方面加大投入,交通、卫生、城管等部门各司其职,加强指导和监管。不仅要顺应市场需求,还要政府合理引导,加强经营管理和实施监督,保护生态环境和人文资源,对经营产品的规划审批、经营管理、安全卫生等进行全面的规范,推动形成功能完善、布局合理、结构优化、业态多元、井然有序的夜间营商环境。

三、打造夜间品牌,树立广西夜间文化和旅游消费城市新形象

突出宣传推广。通过传统与新媒体的结合加大宣传力度,使夜间经济、夜间文化和旅游消费品牌家喻户晓,深入人心,成为广西及各地城市又一响亮的名片。建立品牌体系,构建品牌使用机制,努力增强品牌知名度和美誉度,使品牌建设成为夜间经济发展的重要推动力量,推动建设"新文旅 & 夜广西"的总品牌,打造推广具有各市特色的夜间经济特色品牌,形成一定规模的夜间经济品牌体系。加快项目建设,围绕第一批入选的国家级夜间文化和旅游消费集聚区、自治区级夜间特色消费集聚区、夜间文化和旅游消费重点项目,加大督导推动力度,建立排名机制和动态退出机制,使项目建设成为夜间经济发展的新动力、新引擎。建设夜间消费集聚区,加快南宁三街两巷、桂林阳朔益田西街文化体验街区、北海老城景区等夜间消费业态提升,在中心城区打造 3~5 处业态丰富、吸引力强、健康向上、充满活力的夜间消费集聚区,鼓励引导各市结合本地实际,打造各具特色的夜间消费集聚区,积极创建国家级、自治区级夜间文化和旅游消费集聚区。鼓励重点街区及商场、超市、便利店延长营业时间,积极促进夜间产品多元化,发展"夜间经济区"。

四、推动业态升级,打造长消费链条的夜间文化和旅游业态

夜间经济产品不仅包括游船和灯光,更应涵盖表演、康养、文化和体育类等

众多产品。根据游客的多样化需求，要进一步创新服务业态，注重产品体验，融入生活和文化体验场景，加入沉浸式的休闲互动元素，提升科技含量和文化内涵，开发参与性、体验性和学习性强的产品，推出更加多样化的服务，促进夜间产品多元化发展，从"重内容"向"重体验"转变。通过灯光、置景、多媒体等各种渲染手法，依托自然文化景观，辅以高科技手段，为游客打造多角度的场景化环境，让游客在旅游过程中获得多维度的沉浸式体验空间。以文化为主线，依托水幕、激光、投影、建筑照明、火焰、烟花、雾森等特效，给观众带来具有震撼性的视听享受。要高起点规划建设具有地方特色的夜间经济集聚区和商务区，加快构建集食品、旅游、购物、娱乐、体育、会展、演出为一体的夜间经济业态。在老城区、历史街区或居民较少的独立区域，引进歌剧院、剧院、博物馆、美术馆、商业画廊、电影院、酒吧、餐厅等业态，形成相对独立的商业生态。在河畔、湖畔、海滨、运河开发水秀、主题光影秀、声光电大型演出等夜游项目，丰富文化、体育、竞赛、演出、保健等产品，形成夜间经济集群。推广"夜游"主题观光活动、"夜娱"文化体验活动、"夜食"特色餐饮活动、"夜购"时尚消费活动。要充分利用城市地域文化基因和人文特色资源，结合当地生产、生活、生态特色创新创意，提供差异化的旅游产品和旅游服务，避免游客审美疲劳，不断跟进大众休闲旅游的市场需求。夜间经济的发展建立在城市文化传承的基础上，要充分利用城市历史文化街区、博物馆和科技馆等公共文化设施，依托城市历史文脉等地方文化打造夜间经济特色。深入挖掘饮食文化和民俗文化，探寻民风民俗的发展沿革，深层次挖掘其特色内涵，多方位演绎其表现形式，将夜间经济与现代城市文化深度融合，不断创新旅游服务内容和经营方式，开发独具特色的城市夜间旅游产品，凸显城市靓丽品牌，彰显城市鲜明特色。

五、挖掘文化内涵，提高城市夜间文化和旅游产品附加值

中国旅游研究院发布的《夜间旅游市场数据报告 2019》显示游客在夜间游体验需求种类方面，对景色、活动、餐饮、休闲等夜游要素的需求相对均衡，约

35.7%的游客对夜间消费中的深夜食堂更感兴趣,文化消费的需求比重为23%~28%。由此可见,文化体验已成为夜间旅游的重要组成部分,书店、茶社、剧院更是夜间消费市场的文化亮点。各市应深挖当地文化特色,丰富地区文化内涵,串联历史文化资源,将历史文化、地方生活文化与夜间经济深度融合,进一步提升文化和旅游产品特色。一是打造旅游演艺品牌节目,开通文化进夜市活动,推动有条件的文化场馆和旅游景区延长开放时间;打造夜间文化消费集聚区,加大文化产品在夜间经济发展中的比例。二是运用新媒体技术,结合数字文化、影视文化、移动文化、网红文化、VR技术、元宇宙等提升文化消费形式的创新,加强文化消费体验的满足感。如许多城市都在主题公园、主题商圈结合灯光秀,吸引消费者游玩,延长晚上消费时间,游客人数相较于开放夜场之前增加了30%。三是培养地方特色的夜生活文化。发展夜间文化和旅游经济是一场生活方式的变革与文化创新,广西城市夜间文化和旅游经济应以活化城市文化为出发点,借鉴中外其他城市发展夜间经济的经验做法,如借鉴伦敦酒吧文化经验,积极挖掘地方夜生活文化传统特色,形成独具风格的酒文化、灯文化、歌圩文化、竞技文化、养生文化等,扶持夜生活文化传统传承人,培养夜生活文化创意人才和夜生活文化经纪人,塑造地方独特的夜生活文化品质,鼓励24小时营业,推动夜间消费平民化,培育夜间经济市场。

六、出台保障措施,为夜间文化和旅游经济发展护航

夜间经济是城市经济的重要组成部分,需要政府加强引导,加大政策扶持力度,提升配套设施供给质量,加强市场监管。

一是加强组织保障,建议成立"夜间经济"发展工作领导小组,编制富有广西地方特色的夜间经济发展规划,统筹协调"夜间经济"发展过程中出现的各类问题。可以借鉴和学习国内外其他城市的先进经验,任命"夜间市、县、区长"和具有夜间经济相关行业管理经验的"夜生活首席执行官"。设立了市、区、街(乡镇)三级夜间经济"掌灯人"制度,统筹协调夜间经济发展。成立夜间经济委员

会,聘请具有相关行业管理经验的人员、夜间经济商户代表等,协助"夜间市、县、区长"工作。

二是加强资金保障,发挥财政资金作用,对商圈公共设施进行智能化改造,对夜游产品开发、促销活动等发展夜间经济的有关措施给予大力支持。财政部门安排专项资金扶持夜间经济发展,包括对商场延时营业、文化和旅游服务机构延时营业、公交车延时运营,开展夜间打折促销,举办夜间文艺演出、体育赛事等活动给予一定的补贴。重点加大对夜间经济经营企业因延长营业时间增加的水、电、人工等成本费用的补贴力度,补贴可以按照经营面积的大小分等级。以各级政府名义主办的夜间主题活动,由同级财政给予适当补助。同时,积极申请国家级、自治区级商务、文化、体育产业等专项资金,以补贴的形式向商、旅、文、体等夜间消费市场活动倾斜,促进夜间消费市场进一步繁荣与发展。支持运营商集中结算、统一核算,对纳入统计部门统计的给予一定资金扶持。为美化街景设置的公共照明和装饰照明设施等非经营性用电可接入市公共配电网,相关费用由各级财政承担。各相关职能部门结合当地实际,出台本部门保障夜间经济发展的具体举措。

三是加强监督与管理。成立夜间经济商会组织,加强自律规范、促进市场繁荣,形成政府引导、市场发力、专业运作、多方联动的夜间经济发展协调机制。鼓励有关商(协)会加强夜间经济调查研究,反映行业诉求,推动本行业夜间经济的发展。政府要加强夜间治安管理,对违法犯罪、偷税漏税、虚假宣传、弄虚作假、销售假冒伪劣产品等不法分子给予打击和处罚。要制订规范的规章制度,加强管理,24 小时不间断巡逻及时杜绝各种违规现象,开通 24 小时投诉热线解决消费者投诉问题。

四是做好后勤保障,为夜间文化和旅游经济的培育和形成提供良好的外部基础条件。在广西城市夜间文化和旅游经济的调研中,人们夜间出行消费的重点考虑因素是交通和环境(占 60%),其次是服务配套和消费舒适性(占 40%)。可以通过改善夜间照明,延长夜间交通,在夜间出行活跃度较高的商业网点、商务区等处增加夜班公交线路、加密车次,方便市民出行。对大学生、下岗失业者及进城新市民等群体,在小吃制作、民间手工艺技能等方面加强培训,从政策上给予扶持,鼓励自主创业,从事夜市经营活动。针对青年群体要充分应用新媒体营销夜间经济,讲好夜间经济故事,做好个性化包装,聘请个性鲜明的网络红人代言,设计具有城市文化特质的、体现时代性的卡通形象,为城市以及夜间文化和旅游经济代言。

展　望

　　本书以南宁、桂林、柳州、北海4市为例,对广西城市夜间文化和旅游经济的发展现状、业态构成、分布特征、存在问题、发展潜力、发展思路和布局重点等方面进行了较为详细的分析和研究,并基于活力指数提出了广西城市夜间文化和旅游经济发展建议。但要实现广西城市夜间文化和旅游经济高质量发展这一目标,还需在本书的基础上做更进一步的研究。

　　(1)广西壮族自治区共有14个地级市,除上述4市外,其他地级市也有非常丰富的文化和旅游资源,都具有独特的地方文化内涵,相比本书中的4个城市,还有较大的发展潜力和提升空间,广西全域夜间文化和旅游经济发展研究更能多维度地帮助各地级市打造新的经济增长点。下一步将对各市进行全面研究才能更好地落实广西城市夜间文化和旅游经济高质量发展目标,加快挖掘各地级市地域文化基因和人文特色资源,结合当地生产、生活、生态特色创新创意,开发具有差异化的文化和旅游产品,不断满足大众夜间消费的市场需求,实现"内循环、新文旅、长活力"的新动能模式。

　　(2)夜间经济发生的各种典型活动在空间上形成一种"层级—网络"式的空间结构形态,这也将促进各地级市对本地各级商业网点、美食街道、自然和人文景观场所、居住区和高校等消费者聚集场所进行梳理、衔接和打造,必将加快当地城市规划、交通布局、基础设施、招商引资等一系列"自发式"提质改良举措,形成"干劲十足"的城市新发展态势。今后这些方面的研究内容必将激发广西全域经济发展的新价值。

　　(3)广西城市夜间文化和旅游经济的发展不能只用"单点思维"来分析各

个地级市,需要用到"基因理论",以"胞—链—形"分析法去分析研究广西各地级市夜间文化和旅游经济发展之间的关联,以南宁、桂林、柳州、北海 4 市为突破口,以高潜力城市为主攻方向,加快构建具有广西特色的夜间文化和旅游经济新生态体系,为广西经济高质量发展提供有力支撑,推动广西智慧旅游的柔性化、个性化与云端化部署,实现广西城市夜间文化和旅游经济发展的深度应用与融合赋能。

总之,广西城市夜间文化和旅游经济的深入研究将是创建广西夜间文化和旅游经济形成新生态的"动力阀",是支持文化和旅游产业平台建设的"助推器",是加快夜间文化和旅游经济产业链条培育的"加压泵",其研究成果可以让自治区党委、政府更加全面、精准地掌握广西全域夜间文化和旅游经济发展态势,出台高度契合广西城市夜间文化和旅游经济发展的政策性文件,推动广西城市夜间文化和旅游经济快速、高质量发展。

附录　广西夜游精品线路

近年来,我国各地夜间经济发展如火如荼。艾媒咨询(iiMedia Research)数据显示,中国夜间消费约占总体零售额的六成,并以年均17%的规模持续增长。从广西区域内来看,近年来广西接待过夜游客数占游客总数均在三成以上,与当地居民一起构成了夜间文化和旅游消费的庞大市场。2021年11月,文化和旅游部发布了第一批国家级夜间文化和旅游消费集聚区名单,广西有6个项目在列,分别是南宁市三街两巷、南宁市邕江南岸片区、柳州市窑埠古镇、桂林市阳朔益田西街文化体验街区、北海市北海老城景区、贺州市黄姚古镇景区。从数量上看,与北京、上海、江苏、河北等省市一样,位居第一梯队,夜间经济的发展激发了广西城市的无限活力。

漓江、邕江、柳江、红水河,一条条江边华灯璀璨、微风醉人;东西巷、三街两巷、太平古城、窑埠古镇,一座座文化街区流光溢彩、熠熠生辉;印象刘三姐、坐妹、梦·巴马、花山、3D灯光秀,一场场文创演艺气势宏大,感人至深;光舍、独秀书房、指南书城、新宾书城,一间间夜读书房书盈四壁,流淌智慧。夜间的广西还是美食的天堂,中山路、解放路、文明街、侨港小镇,一条条美食街活色生香、回味无穷。不仅能品尝桂菜、粤菜的经典佳肴和中外各地美食,还可以在街头巷尾品尝老友面(粉)、卷筒粉、八珍粉、粉饺、鸭红、炒田螺、绿豆沙、糍粑等样多味美的传统民间小吃。夜的广西,五彩通透、晶莹明亮,仿佛灯的殿堂,烟火的世界,充满了动感,日益成为更加重要的文旅消费主阵地和消费热点,蕴藏着巨大的发展潜力和增长空间。游船夜游、夜间演艺、城市灯光秀、24小时书店、特色风情街、美食网红店、非遗文创集市等夜间文旅业态,逐渐形成"夜食、夜购、夜游、夜娱、夜宿、夜读"等"一站式"夜间文旅消费新体验和一批夜间文旅消费网红打卡地(点)。

附录展示的 15 条精品夜游线路,是广西夜间文旅消费"蓝海"的杰出代表,希望能为您读懂夜的广西提供有益的参照。

夜色中,点亮的不仅是烟火,更是人们对美好生活的向往,对建设新时代中国特色社会主义壮美广西、共圆复兴梦想的追求。

一、南宁夜游线路

1.线路内容

老南宁·三街两巷历史文化街区—中山路美食街—邕江夜游—百益上河城

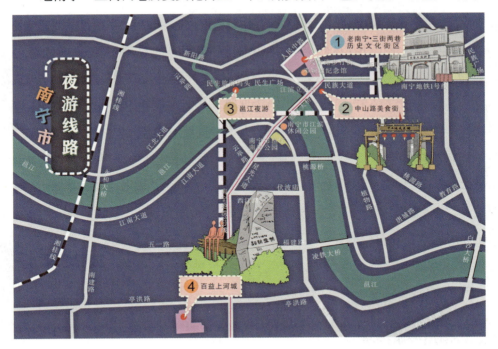

2.线路介绍

老南宁·三街两巷历史文化街区:"老南宁·三街两巷"中的"三街"指兴宁路、民生路和解放路三条步行街;"两巷"指金狮巷和银狮巷两条明清古巷。

"三街两巷"始建于宋代,为邕州商业发祥地,是南宁最古老的历史文化街区。为了保护和传承老南宁历史文化遗产,2017年以来在原址上进行了保护、修缮、还原,今日的三街两巷已旧貌换新颜,保留了大量老南宁的人文景观、民俗文化和美食文化,成了夜游南宁的首选打卡地,南宁的老牌餐饮万国酒家、荔园饼家,都在这里焕发了新的生机,再现老南宁的城市记忆。

中山路美食街:是南宁传统的美食一条街,云集南宁各老字号餐馆、饮食店。汇集南宁人最爱吃的老友粉、八珍粉、粉饺、鸭红、海鲜烧烤、酸嘢、甜品等传统美食。每天22:00后,美食街上灯火通明、热闹非常,成为南宁一道独特的风景线。

邕江夜游:邕江是南宁市的母亲河,属珠江水系,全长133.8千米。南宁依江而建、缘水而兴、水城相依。"百里秀美邕江"是南宁重大公益项目和民心工程,通过邕江综合整治和开发利用,不仅给城市面貌带来了巨大变化,绿城品质也得到了提升,好山好水好风光一起融入城市,今日之邕江,江畅、水清、岸绿、景美,完美诠释了天人合一。从民生码头或亭子码头乘船游览百里秀美邕江,沿岸绮丽的风光和独具特色的人文风情尽收眼底。

百益上河城:位于南宁市江南区亭洪路45号,是在保留原绢纺厂建筑的基础上,本着"修旧如旧"的原则修缮完成。通过工业历史文化遗址保留、艺术展览、文化交流互动等形式,呈现工业文化博物馆、展览演艺、主题影院、音乐酒吧、创意零售、特色餐饮等多重主题,打造工业历史文化长廊、东盟小剧场、创意市集、民俗婚庆文化、创意孵化区和配套的特色餐饮街区,2018年12月31日正式开街,已成为南宁市网红拍照胜地。

二、柳州夜游线路

1.线路内容

百里柳江—柳州文庙—窑埠古镇—螺蛳街—螺乐园(龙城阁)

2.线路介绍

该线路以柳江为纽带,串联了百里柳江、文庙等国家 AAAA 级旅游景区以及窑埠古镇、螺蛳街、螺乐园(龙城阁)等文化旅游商业街区。第一站从东堤旅游码头登船夜游百里柳江,沿途欣赏富丽堂皇、气势磅礴的文庙夜景等百里画廊景观。第二站下船后驱车前往柳州文庙。第三站深度体验窑埠古镇,窑埠古镇是集休闲娱乐、旅游观光、民俗风情、特色餐饮、民宿酒店于一体的大型开放式商业街区,螺蛳街、螺乐园(龙城阁)位于 C 区。该片区烟火、市井、文艺、书香气息交融,可充分感受这座老工业城市白天忙碌、奋进之外的另一面。

三、桂林夜游线路

线路 1 阳朔县夜间精品游览线路

1.线路内容

阳朔戏楼免税体验城—尝阳朔啤酒鱼—观《印象·刘三姐》或《桂林千古情》—夜游西街(益田西街)

2.线路介绍

第一站从阳朔戏楼旅游商业综合体开始,漫步戏楼,仿佛时光倒流,回到千年八桂古镇;参与其中,能感受到全新的广西文化演绎,品味独特的八桂文化。2021年9月阳朔跨境(零关税)体验城及缅甸国家馆正式开业,实现线上线下深度衔接、内贸外贸相互链接、供给消费全面覆盖,开启阳朔免税购物新模式;体验免税购物后在西街大师傅啤酒鱼精品店品尝大师傅啤酒鱼及阳朔十八酿特色名菜;品尝了特色名菜后沿漓江边徒步来到《印象·刘三姐》演出地观看演出。《印象·刘三姐》是著名导演张艺谋等人策划的首台中国大型山水实景演出,2004年演出至今长盛不衰(或乘车来到桂林千古情景区,观看大型歌舞《桂林千古情》《桂林千古情》是由宋城演艺和桂林旅股联合打造的景区,再现了桂林的历史文化与民族风情),是一生必看的演出。观看演出后来到最后一站阳朔西街,西街是一条充满活力的步行街,已有1 400多年的历史。因为它的存在,让整个阳朔充满了无限的温暖,每一位去过阳朔西街的游客都感受到回家的感觉,作为中国第一条洋人街、最大的外语角、名副其实的地球村,西街引起中国众多旅游城市、旅游景点的效仿。石板路、桂北民居、酒吧、餐馆、旅店、民间艺术家、旅游纪念品、攀岩吧、不同肤色的旅游者等,西街上应有尽有。

线路 2 桂林市区精品夜游线路

1.线路内容

两江四湖—滨江路—逍遥楼—东西巷

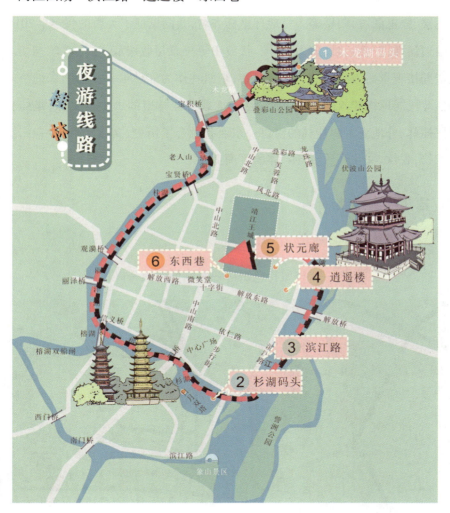

2.线路介绍

第一站从夜游两江四湖开始,两江四湖是桂林的城市名片,享有国家 AAAAA 级旅游景区、标志性品牌景区等多项美誉,从木龙湖码头上船,乘船游 览两江四湖,深度体验城市与山水的和谐统一,品味"桂林山水甲天下"的优美画卷。到达杉湖码头后,下船来到滨江路,滨江路因整条路沿漓江边而得名,路边种满了高大茂密的香樟树,树上寄生植物缠绕,一年四季都是美景。漫步滨江路,观赏梦幻漓江夜景,穿过解放桥来到逍遥楼。始建于唐代的逍遥楼,曾与黄鹤楼、滕王阁、岳阳楼等人文地理坐标齐名,共同见证了大唐的兴衰。2016年重建逍遥楼,登楼远眺,象山、訾洲、伏波山等美景尽收眼底,让人心旷神怡。逍遥楼登楼观景后来到最后一站东西巷,东西巷作为桂林唯一保留下来的清末民初桂北民居风格建筑的历史文化街区,承载着桂林市的历史与文脉,是桂林人回忆桂林、外地人了解桂林的窗口。东西巷融合了历史、文化特色于一身,覆盖了购物、餐饮、文化娱乐、休闲、体验等商业业态。

四、梧州夜游线路

1.线路内容

丽港特产一条街—骑楼城特色街区—粤剧博物馆—旺城

2.线路介绍

该线路无缝衔接梧州市最繁华的夜间消费集聚区。第一站从集夜间演出、购物、娱乐等于一体的综合性文旅消费集聚区丽港特产一条街开始;第二站打卡附近充满岭南文化特色的骑楼城特色街区,体验原味岭南风情;结束后到梧州市粤剧博物馆,了解和体验两广地区最流行的剧种——粤剧;最后,到集特色餐饮、时尚购物、休闲娱乐为一体的旺城商业区品尝梧州特色美食,沉浸式感受浓浓的夜生活气息!

五、北海夜游线路

1.线路内容

北海老城历史文化旅游区—侨港风情街—北海银滩潮街

2.线路介绍

线路串联起北海最有特色的夜间文旅项目。第一站从北海老城出发,赏中国岭南直线距离最长、保存最为完好的骑楼建筑,感受北海老城深厚的历史文化底蕴、中西合璧的骑楼建筑和独特的人文魅力。第二站前往侨港风情街,感受北海的"深夜食堂"。品尝蟹仔粉、法包、越南鸡丝粉、越南春卷、越南滴漏咖啡等越南美食,特色糖水,沙虫、花胶、鱿鱼丝等海味满足您的味蕾。最后,驻足北海银滩潮街。徜徉在银滩洁白的沙滩上,吹吹海风、听听海浪的声音,欣赏五彩斑斓的灯光秀,在蒲公英灯等道路夜景中打卡拍照留念。

六、防城港夜游线路

1.线路内容

北部湾海洋文化公园—伏波路美食街—仙人山公园—防城·世界风情步行街

2.线路介绍

线路集中展示了防城港市的滨海旅游城市形象。第一站北部湾海洋文化公园位于防城港市行政中心区,面朝大海,两旁布设防城港市海洋博物馆、文化艺术中心、科技图书馆、青少年活动中心等四大场馆,公园内可以欣赏奇石、名人诗词书法作品、海上红树林和西湾夜景。然后乘车前往伏波路美食街,这里汇聚了来自全国各地上百家特色美食餐馆,尽显防城港作为移民开放城市的大度包容,整条街灯火辉煌,人山人海,热闹非凡。接着登临仙人山公园,公园海拔 196 米,是防城港市区的制高点,登上山顶极目远眺,防城港的城市美景尽收眼底。最后打卡防城·世界风情步行街,这是港口旧城区体量最大、人流最集中、建筑最有特色、品牌资源最集中、经营业态最丰富的滨海休闲商业步行街,拥有品牌购物店、美食店、特色商铺 700 多间。

七、钦州夜游线路

1.线路内容

钦州老街—白石湖公园—和谐塔—粤港风情街

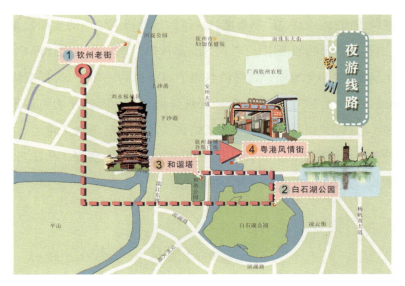

2.线路介绍

钦州老街：对于一座城市来说，老街就像一位白须长者，见证了整个城市的风骨和蜕变；对于城中居民来说，老街更像一帧不会褪色的黑白照片，承载了一代人挥之不去的记忆。钦州老街就承载着一代代钦州人的记忆。钦州老街一至五马路是钦州市现存最古老的街道，过去是钦州最热闹的商业中心。这里的建筑具有浓烈的西洋风格，房屋多为各具风格的骑楼建筑，层高多为 2~3 层，贯通成排，大部分建于 19 世纪。老街主要游览景点有刘永福广场、占鳌巷、黄明堂雕塑、平南古渡西码头、宋城墙遗址公园等。

白石湖公园：白石湖公园是钦州市 CBD 中心景观，将齐白石先生的水墨山水画意境融入钦州的城市之美，建成现代、简洁、时尚且具有地域文化特征的湖畔公园。

和谐塔：和谐塔位于钦州市滨海新城北端的白石湖中央商务区，西临钦江、东邻白石湖公园，北侧为金海湾东大街，东侧为安州大道，扼交通之要道，与西侧钦江三桥交相辉映。和谐塔夜景灯光包括塔基和塔身灯光两部分，夜幕降临，和谐塔在灯光的映照下，尽显庄严肃穆，系钦州市又一个新的地标性建筑物。

粤港风情街：钦州吾悦广场粤港风情街因地处得天独厚的地理位置尽享繁华，并与白石湖公园的和谐塔相望，街区立足钦州本地特色文化，将"广西文化、粤港文化潮流"等人文地理景观移植点缀于商业街的一步一景，打造钦州版铜锣湾、年轻一族生活的"潮"据点，引领钦州商业消费新潮流，着力打造不夜星空不夜街区。在这个"快餐时代"，粤港风情街通过国潮与粤港文化的有机碰撞，把文化特色当作一种生活方式，运用新的形式、新的内容实现了传统艺术、传统文化的重新回归，受到市民和游客的热烈追捧。

八、贵港夜游线路

1.线路内容

贵港体育中心—吾悦广场·香江印巷—贵港老街—滨江公园

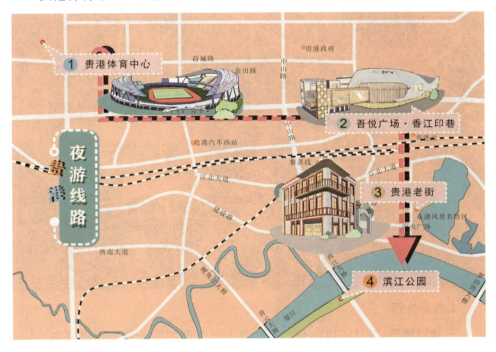

2.线路介绍

该线路串联起贵港市最具地方特色的游玩购物景点。第一站,从欣赏造型优美的国家 AAA 级旅游景区——贵港市体育中心开始,在流光刻画的荷花图案下,逛酒吧、逛车展,或者游泳、瑜伽健身,还可以到智慧书房看书感悟人生。第二站,前往吾悦广场·香江印巷步行街,购物玩乐、小吃美食、新奇体验一样不少。第三站,前往贵港老街体验地道美食,近距离感受贵港厚重的历史文化。第四站,前往滨江公园散步,在城墙或沿江步道上,欣赏夜晚江景,晚风吹拂,享惬意人生。

九、玉林夜游线路

1.线路内容

玉林园博园—克拉湾水上乐园—玉林骑楼步行街—美林街夜市

2.线路介绍

玉林园博园：玉林园博园是广西最具人气的园博园。每当夜幕降临，飞虹桥、五彩飞阁灯光闪耀，园博园南门广场上童立方欢乐世界、旋转木马、游园小火车充满了孩子们的欢声笑语。

克拉湾水上乐园：克拉湾水上乐园是玉林最大的水上乐园，整个园区由超级造浪池、大型水寨、超级龙卷风、新型大回环、滑板冲浪、章鱼滑道等室外水上游乐项目以及室内游玩体验项目组成，夜幕下的电音派对，瞬间穿透你的灵魂。

玉林骑楼步行街：玉林骑楼步行街位于玉林城区中心，起源于清末民初，以民国时期具有岭南特色的骑楼为主，纯骑楼步行街约 2 146 米，具有浓郁的历史文化底蕴，是老玉林悠久的城市历史、丰富的商旅文化的源头，也是展现新玉林岭南休闲夜生活最鲜活的范本。

美林街夜市：美林街夜市位于玉林城区中心，是一个集多种经典建筑风格于一体，融美食、娱乐、休闲、购物于一体的两层商业街。随着各种现代特色美食、休闲购物的入驻，美林街现已逐渐成为玉林年轻人青睐的消费打卡地，年轻成就了它的底色。

十、百色夜游线路

1.线路内容

百色欢乐小镇—解放街—美丽右江游—文明街

2.线路介绍

百色欢乐小镇：百色欢乐小镇是国家 AAAA 级旅游景区,景区夜间文化和旅游消费活动形式新颖、内容丰富,包括星河水上乐园、星河都市时光商业街、星河奇幻港、星河湾汤泉、百东户外越野公园、星心桥酒店、星云双塔等多业态的休闲旅游综合项目。

解放街：解放街成街于清雍正年间,因解放大军从这条街进入并解放百色城而得名,是百色骑楼建筑保存最为完整的一条老街。据百色地名志记载,解放街在明末清初是滇、黔、桂三省边区的物资集散地。百色市政府对解放街骑楼立面进行"修旧如旧"的全面改造,使这条商业老街的历史风貌更清晰地呈现在世人面前。如今,解放街上幸存的骑楼、墙外层及部分窗顶装饰灰雕,线条简洁流畅,糅合了中西文化艺术风格。街上最著名的建筑要数粤东会馆,集古人宗祠艺术精华于一身,不仅见证了粤商"东渐西被"的商业奇迹,还见证了红七军起义壮举,更见证了百色商业的历史,粤东会馆现已成为百色最具代表性的"城市名片",也是百色红色历史的见证者。

美丽右江游：美丽右江游是右江黄金水道上成立的首个水上游船项目。以大码头为起点,经那毕大桥、东合大桥、园博园、沙滩公园、百色起义纪念园(国家 AAAAA 级旅游景区)等景点,全程约 8 千米,游览时间约 75 分钟。游客可按邓小平 1928 年 11 月 18 日进入百色境内的线路,乘坐"伟人一号"和"红城一号"重走"小平路",欣赏沿江风光。

文明街：文明街承载着百色悠久的少数民族美食文化底蕴,也是百色各式老字号饮食店铺的孵化池,祖祖辈辈曾经的手艺在此得以继续传承。文明街是很多外地游客来到百色旅游必须打卡的热门目的地,可以感受浓浓的夜生活气息,体味千姿百色、壮美红城!

十一、贺州夜游线路

1.线路内容

黄姚大剧院—黄姚古镇龙门街—黄姚古镇景区—钱兴广场

2.线路介绍

夜幕降临,华灯初上,夜游黄姚首选就是去黄姚大剧院看一场演出,近期大剧院主要演出剧目有《寻根黄姚》,该剧以黄姚古镇为载体,通过歌舞、杂技、声光电等多种艺术表现手法,成功地将中华姓氏文化和贺州地域文化巧妙融合于一体的精彩舞台剧。演出结束后可以到龙门街的爱树·黄姚书院看看书、品品咖啡,感受黄姚的闲散与静谧。小憩片刻,前往黄姚古镇景区内夜游景区,走一走月光下的石板街,感受黄姚的古朴与平和。最后可以到钱兴广场一带吃宵夜,牛肠酸、公会炒粉等都是当地有名的小吃美食,可依个人口味品尝。

十二、河池夜游线路

1.线路内容

南丹县歌娅思谷景区—南丹温泉国际旅游度假区—幸福夜市街区

2.线路介绍

第一站从歌娅思谷景区开始,这里是白裤瑶民俗文化集中展示地,可以品尝到南丹特色美食以及欣赏具有地方特色的篝火晚会。品尝歌娅思谷美食后,驱车 40 分钟来到第二站南丹温泉国际旅游度假区,这里的温泉水富含多种对人体有益的元素,具有良好的润肤保健作用,泡浴最佳时间可维持在 1.5 小时左右。泡浴结束后,驱车 20 分钟抵达第三站幸福夜市街区。该街区位于平安大道,可全方位满足游客的吃、游、购、娱等需求。

十三、来宾夜游线路

1.线路内容

盘古文化公园—政和步行街—滨江公园

2.线路介绍

线路连接来宾行政中心和商业中心,可乘坐游船,自北向南游览盘古文化公园,欣赏桂中水城夜景、音乐喷泉,也可沿人工河从市政中心步行前往政和步行街,欣赏周边美景。政和步行街是集购物、美食于一体的商业中心,可品尝油炸馍、螺蛳粉等来宾特色小吃及全国各地知名小吃。最后前往滨江公园,沿红水河观赏沿河夜景,感受城市的璀璨、喧嚣与宁静,体验年轻城市的青春活力。

十四、崇左夜游线路

1.线路内容

万象汇—太平古城—螺香街

2.线路介绍

第一站,到崇左万象汇探店,来一次购物狂欢,还有影城、书店、美食汇等你来打卡。第二站,走进太平古城,登城楼,击鼓祈福,俯瞰古城夜景;从休闲水街开始,体验古城烟火;民艺街,体验非遗技艺、感受街头艺术,感受边陲古城的历史底蕴与新风貌。第三站,前往崇左老街螺香街,嗦螺,吃烧烤、炒粉、春卷、烤糍粑,浓浓的烟火气息里满满都是老崇左的味道。